「強く念じる人」が運命を操れる

謝 世輝

もくじ

❹運命を逆転させるこの法則　81

❺ 仕事も事業も必ず成功するこの秘訣……107

新しい人生を自分で発見せよ 201

❶ 運命を支配するものは何か!

●自分の意志で人生は変えられる！

奇跡は起こるべくして起こった

イギリスの劇作家で有名なジョージ・バーナード・ショウは、こんなことを言っている。

「人間というものは、なにかにつけて、とかく環境のせいにしたがる。私はその境遇は信じない。成功する人間は自分が希望する境遇をさがす。もし見つからなければ、自分でつくりだす」

私が最初にこの言葉に出会ったのは、一九五三年の夏だった。『リーダーズ・ダイジェスト』（日本語版）の同年二月号に掲載されていたものを偶然読んだのである。

ちょうどその頃、私は台湾から日本へ留学するために様々な努力を重ねていた。今でこそ観光旅行や留学は日常的なものになっているが、当時、留学はまだ極めて困難なものであった。事実私も、それまで三年という長い歳月をかけて日本留学へのパスポートを手に入れようと、八方手を尽くしていたのである。

しかしその時の状況は、最悪であった。これまでの努力がすべて水泡と帰し、あらゆる望みが私の目の前で崩れ落ちようとしていた。しかも三年間という長い闘争で、私自身の体も衰弱しきっていた。まさに矢尽き、刀折れの状態になりつつあったのである。

「これも運命か……」

日本へ行くことに対する運命的な絶望感を、私は感じ始めていた。そんな時出会ったのが、バーナード・ショウの言葉だったのである。

打ちひしがれていた私に、勇気が甦ってきた。あきらめてはいけない、絶望してはいけない。何が何でも日本へ行くのだという闘志を再び持つことができたのである。

ショウの言葉に出会った後、私は数多くの困難を一つずつ解決していった。

私の来日が実現したのは、それから半年の後であった。三年余りに及ぶ戦いについに勝利し、日本留学という夢を果たしたのである。ついに奇跡が起きたのだろうか？

しかし私は、これは決して単なる偶然ではないと信じている。

日本の古いことわざに、「鬼神もついに道を譲る」というのがある。

我々の人生はいつも思い通りにはいかないもので、あたかも邪悪で偉大な力を持つ鬼が我々の前途に立ちふさがり、行く手をさえぎっているかのように思えることがある。現代のような科学万能、合理主義のはびこる社会にあってなお、我々はしばしばそんな運命的な経験をするものである。

しかし、このことわざは我々に一つの暗示を与えている。

どんな人生でも、どんなに実現困難な目標であっても、立ちふさがるものに対してぶつかっていく。

これでもか、これでもかと前進する。あくまでも押していく。そういう気力で前進していけば、どんなに力強い鬼も我々に道をあけてくれるに違いない。「人生とは自分の手によって変えていくことができる」と、このことわざは教えているのだ。

周囲の環境は思い通りに変わっていく

「人間生活のすべては原因・結果の法則で成り立っている。偶然というものは地上には存在しないし、宇宙にも存在しない」

これは一九世紀末に世界的なベストセラーを多数生み、ヘンリー・フォードをはじめ数多くの実業家に多大な影響を与えた**トライン**の言葉である。トラインは、この言葉で我々の生活には人間の潜在意識を含めてすべてに原因・結果の法則が厳然と存在していると述べている。我々から見れば偶然としか見えないことも、すべて原因と結果、すなわち〝因果〟によって成り立っていると言っているのである。

トラインはまた、こうも言っている。

「あなたは自分自身の領域には絶対的支配権をもって生まれて来ているのである。しかし、もしあなたが意識的にその支配権を他の誰かか、また何物かに譲り渡すならば、たとえそれがごく少期間であろうとも、その期間だけはあなたは支配者ではなく、奴隷であり、被支配者となるのである」

すなわち、誰でも自分の人生の主人公になることはできるということだ。物事にはすべて原因があり、何の理由もなしにことが進むはずはない。自分の進むべき道に何か立ちふさがるものがあるとすれば、そこには必ず原因があるはずである。その原因を見きわめず、「これも運命」とあきらめてしまってはいけないのである。それは運命という得体の知れないものに、我が身の支配権を譲り渡してしまうことを意味する。

人間は必ず自分の人生を支配できる。あるいは自分で良い環境をつくりだすことができるのである。運命などというものを信じてはいけないのだ。

そして潜在意識の中にまで、以上のことに対する理解度を深めていけば、徐々に自分の人生が変わり、自分の環境も変わってくることになる。

つまり、先のトラインの言葉を心の奥から深く信じることができれば、自分の信念の通りに、周囲の環境がどんどん変わっていく。信じることさえできれば、自分の願望は必ず達成され、運命も変えることができるのである。

しかし、ここまで悟るのは非常に難しい。少しずつ悟り、その成果を見てさらに悟りを深くする他はないのである。私自身でさえ、いまだにその難しさを痛感する一人なのだ。

ただ悟るのは難しいが、少なくとも人生にはそういう可能性があることを知っておくだけでも励ましにはなるはずである。

乗り越えられない逆境はない！

キリスト教の新派ニューソートの一人である**アディントン**の言葉にこういうのがあ

る。

「どんな制約ある環境の桎梏であろうとも、神癒の力によって解決できない問題というのは一つもないのである」

「神にとって何ごとも難しすぎるというものはない」

信仰心というものは、時として絶大な奇跡を生むことがある。不治の病が治ったり、人生における様々な試練が解決されたりする。もちろんこうした奇跡を呼ぶほどの信仰心には、普通の人ではなかなかそのレベルに達することができないものだ。

では信仰心のない人は救われないのだろうか。前に述べたように、たとえ信仰心がなくとも、人生というものは必死になってぶつかっていけば、必ず道は開けるものである。

それは「至誠天に通ず」という言葉からも知ることができる。確固たる信念を持って物事にぶつかっていけば、人生のどんな部分にも可能性は開かれていくはずなのだ。また、こうして我が身の人生を切り開いて来た人も現実に数多く存在している。

たとえば松下電器の創業者として知られる**松下幸之助**氏もその一人だろう。幼い頃から数知れない逆境に耐え、経営の神様と言われるまでに登りつめた人である。その

松下幸之助氏もこんなことを言っている。

「逆境――それはその人に与えられた尊い試練であり、この境涯にきたえられてきた人はまことに強靭である」

多くの人々は何か困難なことにぶつかった時、なぜ自分だけがこんな目に遭うのか、なぜこんなに苦しまなければいけないのかと考えるものだ。逆境に立ち向かうことなく、その状況からの逃避を先に考えてしまうのである。だが、人間とは逆境と出会うことによってより強くなるものだ。逆境と直面して戦うことで、人間は鍛えられ、そしてたくましくなるのである。

長い人生には様々なことがある。次から次へと困難なことにぶつかることもある。しかし、どんなに最悪な状況にあろうとも、その困難を一つひとつ乗り越えていこうという強い意志が大切なのだ。自分自身の人生は、己れの手で切り開くという意志が不可欠なのである。人生の意義もそこにある。そこで次の節からは、具体的に数多く逆境や困難に立ち向かい、それらに打ち勝った人々の例を紹介していこう。

●誰にも運命を変えるチャンスがある

平凡人がトップで合格できたのはなぜか?

土光敏夫——現代の日本で、ある意味において最も成功した人物の一人と言えるだろう。

一介の技術者から経財界の最高峰と言われる経団連会長にまで登りつめ、臨時行政調査会会長も務めた。

この土光敏夫氏の人生を振り返ってみると、彼が実に様々な試練と出会い、それを一つひとつ克服して来たことが分かる。一瞬一瞬にすべてを賭け、その場所、その地位、その時において常に全力を尽くしてきた。土光氏の人生には、そんな姿が描き出されてくるのである。しかも、彼は天才でもなければ、並みはずれた野心家でもなかった。劣等生かと思われたこともある平凡な男なのである。

土光敏夫氏（以下敬称略）は、明治二十九年（一八九六年）九月十五日、岡山県に生まれている。生まれつき健康で、体も大きかった。小学校に入学しても、たちまち腕力を発揮し、ガキ大将になってあばれまわったという。

だが、そんな彼も旧制岡山中学の入学試験に三度もタテ続けに失敗し、早くも挫折感を味わうことになる。当時の中学校が、現在の大学入試よりも狭き門だったとはいえ、三年連続の不合格は、十五歳の土光にとってショックだったはずである。

結局、明治四十四年、彼は岡山中学をあきらめ、私立の関西中学へ進む。関西中学からは、東京高等工業（現在の東京工業大学の前身）を受験するが、ここも一度目は失敗してしまう。やむなく代用教員をしながら、一年間受験勉強に励むことになる。そして翌年、見事に合格、それもトップの成績で入学を果たした。

ここまでみても分かるように、彼は決して秀才ではない。こつこつと地道に努力を蓄積していく努力型人間である。自分が現在持っている目標に向かって、階段を一歩一歩踏んで登っていくタイプなのだ。

とりわけ、若き日の土光にとって大きな転機となったのは、東京高等工業での受験失敗だろう。通算して四度目の失敗は、おそらく彼を失意のどん底に陥れたに違いない。だが、彼はここでつぶれることなく、さらに努力を重ねて翌年、トップ合格したのである。確かに彼は秀才でも天才でもない。平凡な努力型人間だ。しかし、翌年トップで合格をするだけの努力をしたことに彼の非凡性がある。彼は自ら自分の運命を変えたのである。

こうして運命は一気に上昇した

こうした彼の生き方は、社会に出てサラリーマンになっても変わることはなかった。土光を称して**「彼は日本で最も出世したサラリーマンだ」**と言った人がいる。サラリーマンの出世とは、一歩一歩階段を上がっていくものである。だが、青年時代に運命を自ら変える努力をした土光は、サラリーマンになってからは、階段を一足飛びに駆け上がるような出世をしていく。それまでの着実な努力の積み重ねが、一気に開花したのだ。

学校を卒業して石川島造船所に入社した土光は、入社二年後の大正十一年、スイスのエッシャーウイス社への留学を命じられる。タービン技術の習得がその目的だった。陸上機械部門への進出を図っていた石川島が、国産タービンの開発を目指し、その技術導入の尖兵として土光が選ばれたのである。

スイスで約二年、陸上タービン製造の最新ノウハウを身につけ、土光は帰国した。だが、当時としては「日本で最もタービンにくわしい」はずの土光が、それでもあきたらず学生時代の先輩や同級生に頼んで、他社の新製品や工事の様子を片っ端から見学して回ったという。こうした土光の努力は、やがて大きな成果となって実を結ぶ。

昭和四年、埼玉県の秩父セメントがはじめて石川島の発電用タービンを発注してくれたのである。当時タービンといえば、外国製がほとんどで国産品の信用度は無に等しかった時代。土光は連日秩父セメントに押しかけ、経営陣を説得し、受注後も身を粉にして働いたという。一主任技師の努力と誠意が、国産タービンの信用度を勝ち取ったわけである。

土光の急な階段はまだまだ続く。

昭和十一年、石川島は陸上タービン部門を分離、芝浦製作所と提携して石川島芝浦タービンが設立された。土光はこの新会社の技術部長に任命され、翌年四十一歳の若さで同社の取締役に就任する。

時代は太平洋戦争に向かい、軍需産業のあおりで同社の受注は急増した。新工場の建設にも次々と着手した。

そして昭和二十一年、土光は四十九歳で石川島芝浦タービンの社長に就任する。敗戦直後の焦土と混乱の中で、土光は猛烈な責任感を燃やして、会社再建に着手する。彼にとって幾度目かの急階段である。横浜の鶴見工場と松本工場の間を、超満員の夜行列車で往復する日が続いた。立ったまま眠る日が、何日も繰り返されたという。

銀行からの資金調達にも成功した。その方法がいかにも土光らしく、後に土光を物語る代表的なエピソードとして取り上げられることが多い。

当時メインバンクだった第一銀行に、前々から資金融資を申し込んでいたが、何度直談判に行っても一向に埒《らち》があかない。

終戦直後の金融界は大混乱に陥っていた。資金不足が蔓延し、ＧＨＱの指導で金融先も限定されていた。そんな状態の中では、規模も小さく歴史も浅い石川島芝浦タービンに資金を出してくれるはずはなかったのである。

しかし土光は不可能を可能にする。ある朝、東京駅で駅弁とお茶をどっさり買いこんだ土光は、それを持ったまま第一銀行本店の長谷川重三郎営業部次長（後の頭取）のところに乗り込んでいく。「とてもお貸しできる金はありません」という長谷川のいつもと変わらぬ返事を聞きながら、土光は少しもあわてず「まあ、ゆっくり話し合いましょう。食事もこれだけ買ってきましたから」といって、悠然と駅弁を食べ始めたのである。

これにはさすがのエリート銀行員も度胆を抜かれた。長谷川もがんばって昼飯までは一緒に食べたが、ついに土光の根気に折れて彼の言い分通りに資金を出したという。

猛烈な使命感と執念がすべてを支えた

昭和二十五年、土光はついに石川島重工業の社長に迎えられる。だが十四年ぶりの本社に戻った土光を待っていたのは、赤字とストライキに悩まされ大ピンチに立たされた経営状態だった。

土光はここでも異常なまでの使命感に燃え、誠意と努力をもって再建に着手する。交際費などの経費削減、徹底した合理化などによって、二十五年には一億八千万円あった累積赤字をわずか二年で解消、黒字転換させてしまったのである。

その後も土光の猛烈ぶりは続く。朝四時に起床、午前六時には自宅を出て、七時過ぎには社長室に入る。睡眠時間は、若い頃から毎日四時間。そして何よりも人を驚かせたのは、石川島時代につくった四十二年間、無遅刻、無欠勤という大記録である。

経営者・土光の名はその後も、様々な形で世に登場する。昭和四十年のことであった。石川島播磨重工業の社長を退き、悠々自適の生活を送っていた土光を、経営不振に陥っていた東京芝浦電器がその救世主として引っ張り出した。

彼は「社員は三倍働け、重役は十倍働く」「幹部はえらい人ではなく、つらい人だと知れ」など、数多くの〝語録〟をはきながら、荒療治を開始した。紳士の東芝と言われた社風を一喝し、「斬り取り、野盗の類でいけ」と怒号する。その時代に流行した〝モーレツ社員〟のルーツは、この時の土光だったとも言われている。むろん東芝は再建された。

そして経団連会長、臨調会長などで、その後も高齢の老人とは思えぬバイタリティーで辣腕《らつわん》をふるったことは、読者も知るところだろう。

土光敏夫の成功がなぜ果たされたのか。読者はすでにお分かりだと思う。秀才でもなければ天才でもない、平凡な男が功を成し、名をあげたのは、彼の「誠意」と「努力」と「根性」があったからに他ならない。この三つが土光を様々な逆境に立ち向かわせ、そのつど脱落しそうになる運命を自ら変えてきたのである。何ごとにも負けな

い、絶対にやり抜いてみせるという土光自身の執念が、我が国にとって彼を必要な存在としたのである。

「苟日新、日日新、又日新」

土光の最も好きな言葉である。毎日、毎日が新しく、今日も新しい。毎日が挑戦である。毎日、毎日壁を打ち破っていく。土光の人生をまさに象徴する言葉である。

●成功への転機はこうしてつかめ

自ら逆境へ飛び込む人生

人生とは、どんなに悪条件のもとであろうとも、自分の運命を切り開く可能性があることを述べて来た。もちろん、その方法は様々である。土光敏夫氏は毎日、毎日の努力で成功した。人によっては、一つの状況に甘んじることなく積極的に生きることで、自分の願うことが実現したり、困難を克服することができた場合もあるに違いない。

たとえば、松下幸之助氏。波乱万丈の人生を歩んできた彼の生き方こそ、積極的に生きることによって自らの運命を切り開いて来た好例と言えるかもしれない。

松下幸之助氏（以下敬称略）は、その若き日に二度、大きな転機を迎えている。彼の青春時代をフィードバックさせて、その生き方を紹介してみよう。

松下は、明治二十七年和歌山県のある寒村で誕生している。生家は小作人を抱える地主で、その地域では名の知れた名家だった。ところが、父が米相場で失敗し、無一文になったことで、幸之助の人生も大きく変わることになる。

明治三十七年、松下は九歳という身で一人大阪へ向かい、火鉢屋の丁稚小僧として働くことになる。店の都合で火鉢屋から自転車屋に移るものの、一生懸命働く優等生であった彼は店の主人夫婦に可愛がられて育つ。

当時、自転車と言えば時代の最先端を行く舶来品。いまでいう高級外車なみの高額商品であった。この丁稚時代、松下は様々なことを学ぶ。自転車という最新の製品の修理技術を身につけ、また船場商人としての修業も積んだ。

小僧生活は決して楽なものではないが、また不満もない。仕事も面白い。このまま奉公を続けて自転車屋になってもよかったのである。だが、松下にとって最初の転機がおとずれる。

「暇をもらおう」という気持ちが生じて来たのである。

原因は〝電車〟であった。当時、自転車が世に知れるのとほぼ時を同じくして、都市部の交通網も整備され、大阪にも市電が走るようになっていた。松下はこの電車を見て、これからは自転車よりも〝電気〟の時代だと思ったのである。電車ではなく、電気そのものに注目するところが後の松下を彷彿させるところだが、明治四十三年夏、松下は義兄に大阪電灯会社への入社を依頼し、その返事を待たずに自転車屋を辞めた。

十五歳夏の転機であった。

安定からは大きな成功は生まれない

大阪電灯株式会社に内線係見習工として入社した松下は、配線工として目ざましい能力を発揮する。入社三ヵ月半にして、早くも助手から担当者に昇格したのである。

担当者と助手では雲泥の差があり、助手は担当者に対して絶対服従であった。二十代後半の助手が数多く存在していたというから、十六歳の担当者がいかに異例の出世か分かるはずだ。しかも当時は電機工と言えば特殊技術を持つ者として、尊敬の対象とさえなった。松下の面目躍如というところだろう。

この時期、彼は結婚をするなどかなり安定した日々を過ごしている。十八歳の時には夜間学校にも通った。夫婦とも働き者で、新婚家庭も平穏無事。すべてが順風満帆であった。

幸運はまだ続いた。結婚二年目の大正六年、松下は担当者からさらにその上の検査員に昇格している。職工としては最高のポジションで、二十二歳の検査員はもちろん最年少、異例の出世であった。検査員の仕事というのは、担当者の仕事をチェックし、配線工事の仕上がりがきちんとできているかを確認するだけ。一日に二時間も働けばそれで終わる仕事だった。

ところが松下にとってこの楽な仕事が苦痛でならなかった。精神的緊張感のない毎日は心身に多大な影響を及ぼすものだ。現実に体にも変化の兆候が現れてきた。生活はかつてないほど安定している。だが、何とかしなければという気持ちが彼の心を支配し、焦りは拡大する一方となっていった。

煩悶の中で、松下はついに会社を辞める決心をする。退職して「ソケット」、それも改良した良質のものをつくってみよう。万一失敗したら、またこの会社へ戻り生涯忠実な従業員として働けばいい。

決心は固かった。

検査員という最高位の職を捨て、ソケットの改良などという未知のものに挑む彼を、上司は当然のように止めた。しかし、検査員に昇格したその年のうちに、大阪電灯を退職。

二十二歳の松下の第二の転機である。

積極的チャレンジ精神が幸運を呼び込む

大阪電灯会社在職七年間の退職金、わずかばかりの貯金——いわばなけなしの金をはたいて松下の事業はスタートした。ところが、ソケットの胴体となる煉物の製法すら知らない素人事業。すぐに行きづまりを見せる。金も足りない。借家の自宅の半分を工場に、妻とその弟、そして元同僚ら合計五人で始めた事業も、最初からつまずいてしまうのである。

とりわけ、ソケットの胴体となる煉物の製法は、まったくの五里霧中。材料すらどこで買うのか分からない状態だった。実際、当時はこの煉物の製造方法は最新の技術として、どの工場でも秘密事項であった。ソケットをつくるといっても、まったくゼロの状態からスタートしなければならなかったのである。

ところが、煉物の調合法に苦慮しているところに、その研究を続けてきたTという男が現れた。Tは、わざわざある煉物工場へ入ってその製法技術を見習った人物。本来は自分が事業をするつもりが思うようにいかないため、「それなら教えてやるで」ということになった。松下にとっては、まさに願ったり叶ったりの申し出であった。運命的な出会い、といっても過言ではないだろう。

だが、松下の創業の苦しみはまだまだ続く。ソケットはできたが、販売ルートがないためにまったく売れない。ソケットの改良も必要だが、その資金もない。明日の生計もおぼつかない状態の中で、五人で始めた工場も元同僚二人が去るところにまで追いつめられていく。このまま仕事を続けていくことが無理なことは、誰の目にも明らかだった。

しかし、松下はここでもあきらめなかった。彼はこの時代のことをこう語っている。

「自分はどうしてもこの仕事に見切りをつけるという気分になれなかった。（中略）

不思議にほかの仕事をやろうという気分にはなれなかった。今思うと、あの時、心の底のどこかにこの仕事が成り立つという安心でもあったのか、心配をしなくてはならない、不安焦慮をしなくてはならないという立場にありながら、心は改良の仕事、器具の製作ということのみに熱中したものである」（『私の生き方考え方』より）

収入の道はない、ソケットの改良も思うように進まない。年の瀬もせまっていよいよどたん場。ところがここでもまた彼は思いがけないことで窮地を救われる。ある電器商会が、扇風機の碍盤一千枚を見本注文してきたのである。この碍盤は、金物を少しも使わず煉物だけでつくるため、資本もほとんど必要がない。資金面で苦しかった当時の状況からすれば、極めて好都合の仕事であったといえよう。

このようにして、松下は創業の苦しみをさんざん味わいながらも、困難を突破していく。煉物の知識を持つ人物との出会い、そして碍盤の受注、本来ならば考えられないような偶然かもしれない。

しかし、彼は彼自身のひたむきな事業に対する姿勢を貫くことで、これらの偶然を呼び込んだのである。必死の姿勢が、彼自身の運命をも切り開いたのだ。

碍盤の仕事の成功を契機として、やがて松下電器への道を歩み始めていくことは読者もよく知るところだろう。とまれ、松下の第二の転機も成功に結びついたわけである。

人生とは、一生懸命に道を切り開いていこうとすれば、必ず道は開けてくるものである。たとえ自分が最初に目的とした方向でなくとも道は開けるのである。

「神は自ら助ける者を助く」という言葉があるが、まさに信念を持って行動し、運命を切り開いていこうとする人間には、自ずと前途が開けてくる。

松下は現状に甘んじることなく、常に積極的に生きて来た。自分から進んで逆境に身を落とし、自分自身にムチをふるった。つまり自らを困難な状況に追い込んで、そこから脱出しようとするエネルギーで、自分の道を切り開いてきたのである。

若き日の二度の転機、そしてその成功は、それが真実であることを証明している。若き日の二度の転職が松下をつくり上げたのである。そしてそれは単なる偶然ではなく、常に積極的に生きた彼の姿勢が、すなわち松下自身がもたらした成功なのだ。

❷ 最悪の条件でも道はひらける

●逆境に打ち勝った執念の力

二度に及ぶ挫折を克服した女流作家の執念

長い人生の間には、様々な波がある。すべてが順調に進展し順風満帆、毎日毎日が輝いている時もある。だがその一方で、失意のどん底に突き落とされ、しかも四面楚歌。孤独で長期に渡る戦いを強いられる時もある。

順風満帆の時は「勢いに乗る」という言葉があるように、ある程度自然に流れに身をまかせていればいい。問題はどん底で苦悶する時である。あきらめて成り行きに身をまかせてしまうか、それとも現実に埋もれることなくはい上がるか……。

山崎豊子――言うまでもないが『華麗なる一族』『白い巨塔』『沈まぬ太陽』などの作品で知られる〝社会派女流作家〟である。「お豊さん」の愛称で呼ばれ、ファンも多い。押しも押されぬベストセラー作家の一人だった。

だが、このお豊さん、他の作家とは異なった道を歩んできた作家としても知られている。作家としては死刑宣告にも匹敵すると言われる「盗用作家」の烙印を一度ならず二度も押された経験を持っているのである。

〝栄光の座〟から一転、マスコミの激しい批判を一身に浴びる四面楚歌の立場へと突き落とされたわけだ。しかし彼女は、この窮地から二度とも脱出し、失地回復を果たしたのである。

なぜ復活できたのだろうか。

第一回目の盗用事件が表面化したのは、昭和四十三年。山崎さんが雑誌「婦人公論」に連載した小説『花宴』には、芹沢光治郎氏の『巴里夫人』、レマルクの『凱旋門』、中河与一氏の『天の夕顔』からの一部盗用があると指摘され、大騒ぎになったのである。

彼女は責任を取って日本文芸家協会を自発的に退会。その際、当時の同協会長の丹羽文雄氏が、「私なら筆を折る」「今後は筆を断つことが望ましい。これで山崎君の文壇生命は一応終わったと考えられる」という厳しい談話を発表し、マスコミを賑わせたことはよく知られている。

山崎さんにとってはまさに、作家という社会的生命を奪われた〝事件〟であったといえる。事実、彼女はその後しばらく休筆を余儀なくされ、孤独な日々を過ごさねばならない運命を辿る。

だが普通の人間であれば、このまま時の流れに埋没し忘れられていくところを、彼女は見事に復活する。文芸家協会を退会したことで一応社会的責任を取った彼女は、その後も筆を折らずに書き続けたのである。

事件のショックで入院、二時間半のリンゲル注射を左手に受けながらも、彼女は残る右手で執筆を続けたという。

常識ではまず日の目を見ることはないと考えられる原稿を、彼女はその後も一年に渡って書き続けていく。その取材のためにドイツへも飛んだ。たとえ、〝謹慎中〟でも、彼女の執筆にかける執念はすさまじいものがあったのである。

この執念がやがて彼女の前途に光を射してくる。彼女の執筆停止を解除するようにと主張する人間が現れたのだ。盗用自体は許されないことだが、永久に執筆停止というのも刑罰過剰ではないか。そんな声が徐々にボルテージを上げつつあった。

結局、事件発生後約一年にして、文芸家協会は彼女の再入会を認めた。死刑宣告を受けたはずの人間が、見事に文壇復帰を果たしたのである。どん底に突き落とされながらも、あきらめることなく執念で筆を握り続けた山崎さん。まぎれもなく彼女の執念の勝利であった。

どん底を見るたびに人は成長する

だが彼女の悲劇は繰り返される。盗作作家の汚名を再度受けてしまうのである。

昭和四十八年十月二十一日、「山崎豊子さん、また盗用」という記事が、朝日新聞朝刊に掲載された。記事の内容は、彼女が当時週刊誌に連載していた『不毛地帯』の一部に、三週間にわたって、ある無名作家の作品から盗用したと思われる部分があるというもの。前回同様、またもや作家として死亡記事を書かれたようなものである。

当然、前回同様に彼女はマスコミにたたかれ、孤独な戦いを強いられることになる。ただ前回と異なるのは、即座に名誉回復訴訟を起こし、裁判闘争に持ち込んだことだ。彼女の側に大いに言い分があったからである。

裁判は約四年に及んだ。そしてついに、朝日新聞から「遺憾」という、事実上朝日が敗北を表明する言葉を勝ち取ったのである。つまり、『不毛地帯』に盗作はなく、あの記事は〝誤報〟であったと朝日が認めたわけだ。

いずれにしても、彼女は二度に及ぶ〝どん底への墜落〟をはね返した。たとえどん底に突き落とされようと、絶対に負けまいとする信念を持てば道は開けてくることを、彼女は証明したのである。

また彼女は、盗作事件のたびにベストセラーを生み出した作家とも言えるだろう。山崎さんにとって、盗作事件すなわちどん底での経験は、彼女自身を成長させる促進剤であったのかもしれない。

女性の身でありながら、たった独りの孤独な戦いを勝ち抜いた彼女の成功は、我々に勇気を与えてくれる。

「可能性」はどんな時にも必ず存在する！

信念さえ強ければ、たとえどん底へ突き落とされようと、また四面楚歌の状態に陥り、全世界の人間が敵に回ろうとも、道は必ず開ける――この事実を証明する例はもちろん山崎豊子さんに限らない。

たとえば旧約聖書の中にこんな例がある。もともとイスラエルに生まれながら、奴隷としてエジプトに売られたヨセフという男の物語だ。

ヨセフは、奴隷という絶望的な身分に屈服することなく努力し、また持ち前の才能によって出世した人間だ。そしてついには国王に信用される地位にまで登りつめるのである。

彼の生涯にも様々な波があり、信用ある地位についてからも、周囲からねたまれ、ざん言によって投獄された。しかし彼はたとえ獄中にあってもあきらめなかった。そして最後には復権し、国王にかわる地位にのし上がり、その才能を発揮してエジプトの飢饉を救う。

この聖書の物語は、歴史的な事実であったと言われる。要するに重要なことは、たとえ奴隷のような絶望的な〝どん底〟に落ちようとも、またたとえ投獄されようとも、可能性はまだ残っているということである。

〝どん底〟という言葉がどの程度のものを示すかは、その人の価値観や人生観によって異なる。だが、可能性のないどん底は皆無である。どんな状態になっても希望はある。この真実を忘れてはならない。

●信念とそれを支える情熱を持て！

『解体新書』は杉田玄白の信念の結晶である

人間は長い人生の中で、必ず一度か二度は、〝運命の分岐点〟ともいうべき状況に遭遇する。その分岐点にどんな行動をするかで、我々の人生は大きく変わってくる。

前に紹介した土光敏夫、松下幸之助両氏は、この分岐点に絶大なる信念を持って、わずかな可能性にチャレンジし、自らの手で運命を切り開いた。

では、分岐点はどんな状況であっても問題はないのだろうか。たとえば、すでに余命いくばくもないような高齢の場合はどうか、強い意志を持つといっても、気力や体力の面においては、若者に及ぶべくもないではないか、と読者は思われるかもしれない。

ここで二人の歴史上の人物を紹介しよう。

一人目は、『解体新書』の翻訳者として知られる**杉田玄白**である。『解体新書』は、オランダ語の『ターヘル・アナトミア』を翻訳したものだが、我が国における近代医学の出発点と言われるのみならず、我が国近代科学のルーツとも言えるもの。歴史的にも極めて重要な文献であった。

この『ターヘル・アナトミア』を、杉田玄白が前野良沢、中川淳庵とともに翻訳に着手したのは一七七一年三月。杉田玄白三十八歳、前野良沢四十八歳、中川淳庵三十二歳の時であったと言われる。

今でこそ三十代、四十代といえば働き盛りだが、当時の平均寿命からすれば、すでに立派な高齢者であった。加えて、杉田玄白は非常に虚弱な体質の人間であったと言われる。高齢と虚弱という二重のハンデキャップを背負いながらの難事業着手だったのである。

『ターヘル・アナトミア』の翻訳がいかに難事業であったかは、よく語られるところだが、オランダ語をほとんど知らない三人が、辞書もなく、尋ねる人もいない状況の中でとりかかったのである。その苦労は容易に理解できよう。

杉田玄白の『蘭学事始』にも「たとへば、眉といふものは目の上に生じたる毛なりとあるやうなる一句も、彷彿《ほうふつ》として長き日の春の一日には明《あき》らめられず、日暮《くる》るまで考へ詰め、互ににらみ合《あひ》て、僅か一二寸斗《ばかり》の文章、一行も解し得る事ならぬ事にてありしなり」とある。

とまれ、『解体新書』は約三年の歳月を経て印刷、出版された。今でいうところの老人三人が、暗中模索の状態からスタートして、見事に大事業を成し遂げたのである。

杉田玄白らはなぜ、このような大事業に取り組もうと決心したのか。

彼らを行動にかりたてたのは、偶然見学することができた死体解剖からだったと言われている。当時の日本では、死体解剖は御法度。はじめて見る人間の体の内部に衝撃を覚え、しかもこれも偶然手に入れた『ターヘル・アナトミア』の解剖図がその死体の内部と一致していた。

結局この死体解剖の観察を契機として、正しい医学を求める玄白らが高齢にもかかわらず本書を翻訳出版し、世に近代医学を紹介すべきであると決心したのである。いわば、正しい医学の伝授という使命感が、高齢というハンデに打ち勝ち、自らの願望を達成したのである。

悪条件を克服した山片蟠桃のライフワーク

もう一人は、杉田玄白らの後を継いで、日本の近代科学と近代合理主義の発展に貢献した**山片蟠桃**である。山片は、我が国初の科学書ともいうべき『夢の代』の著者として知られる。

『夢の代』は、地動説に基づいた天文学の紹介、国学者や仏教学者の言う論理への批判など、すべての部分に近代科学や合理主義が貫かれており、全十二巻という大著。この『夢の代』が、その後の日本の科学者に多大な影響を与えたことは言うまでもない。十九世紀初頭の我が国の近代科学が、すでに高いレベルに達していたことを証明するものとしても、この書は大きな役割を果たしていると言われている。

山片がこの本の著作に着手したのは、一八〇一年。山片が五十三歳の時であったと言われる。

先にも述べたが、当時の五十三歳といえば、今でいう七十〜八十歳にも匹敵する高齢となる。

山片はなぜ、こんな高齢になってからこのような大事業に取りかかったのか。

彼はもともと若い頃から、学問への情熱を燃やし続けた人物である。長い歳月をかけ、様々な文献や先輩によって数多くの教示を受けた。その集大成が『夢の代』であったに違いない。

とりわけ彼は、二十五歳の若さにして一商家の経営の重責を背負った人間である。しかし山片はその厳しい商人生活の中でも、勉学の情熱をたやすことなく、少しずつ、そして長年にわたって研究を続けたのである。その研究をまとめたものが『夢の代』というわけだ。

長い歳月をかけて学んだライフワークを、書物にとどめておきたい。そんな願望が、五十三歳という高齢にして彼に大事業への挑戦を決意させたのである。山片の情熱が高齢という悪条件を吹き飛ばしたのだ。

願望を叶えるのに年齢はない

還暦から語学の勉強を始め、八十四歳の高齢になって、中国医学書の古典を完訳するという偉業を成し遂げた人もいる。

柴崎保三さんは、第二次世界大戦から復員し、復員局事務官を二年間勤めた後、旧東京高等鍼灸学校へ入学。六十歳で卒業してから同校の講師になった。

講義のかたわら東洋医学を研究していた柴崎さんは、〝黄帝内経素問・霊枢（こうていないけいそもん・れいすう）〟という中国医学の原典に出会う。同書の和訳本が部分的にしかないことを知った柴崎さんは、自分の手で同書の完訳を決意。当時、東大助教授だった漢学の権威藤堂明保さんを訪ね、漢文の手ほどきを受けた。

自分より年長の柴崎さんの熱意を知った藤堂さんは全面的に協力、柴崎さんの教え子や西洋医学の若手らも協力して、「柴崎東洋医学原典研究会」が結成された。

着手から四半世紀、二十五年という歳月をかけた同書は、一九八一年に完成した。全二十六巻（A5判・各巻四百五十～五百ページ）という大著である。

藤堂さんも「これまでに何人かの人が完訳に挑んで、あまりの難解さに途中で投げ出していた。完訳だけでも大変なのに、柴崎さんのお年でよく成し遂げられた……」と感服した。

願望を叶えるのに年齢は必ずしも障害にならない。必要なのは信念とそれを持続させる情熱なのである。

●意志の力が不可能を可能にする

強い信念が多くの支援者を呼びよせる

正常な身体を持つ人間であっても難しいと言われることを、身体的なハンデキャップを背負った人間が実現させ、人々を驚かせることがよくある。マスコミなどはこれを奇跡の美談として取り上げる。

しかし、問題はハンデキャップを背負った人間であっても、強い信念をもってチャレンジすれば、不可能と思われることも可能になってしまうという事実である。奇跡ではなく、強靱な彼らの意志が、幸運を呼び込んだのである。次に盲目でも願望を叶えた三人のケースを紹介しよう。

生井《なまい》良一さん、三十五歳の時、東京工業大学で理学博士号を取得。同大大学院生一年の時に、難病と言われるベーチェット病と分かり、昭和四十八年両眼の光を失い全盲となった人である。

彼は、東工大応用物理学科を卒業後、博士号取得を目指して同大学院へ進学。さあこれからという矢先に失明したわけだ。普通の人であれば、とても博士号どころではなくなるところである。

ところが生井さんはくじけなかった。翌年盲目のまま復学を果たし、再び勉学に取り組んだ。昭和五十年には、ついに博士課程へと進むことも実現させる。

もちろん、以前と同じような方法で、研究に取り組むわけにはいかなかった。彼は数多くの支援者に恵まれるのである。専門文献の点訳は専属のボランティアが引き受けてくれた。大学の教授陣も全面的に彼の研究を支えてくれた。また、彼の指導にあたった吉田弘助教授の研究室も全員で、彼を励まし合った。

横文字の論文を読むのに、米国製の最新機器が便利だと分かると、教授陣が先頭になって約二千人の寄付金を大学の内外から集めて、約百四十万円もするその機械を買ってくれた。

五十三年には結婚もした。だが、その喜びもつかの間、またもや難病がぶり返す。約一年に及ぶ入院生活を余儀なくされることになってしまうのである。しかし、彼はここでもあきらめなかった。病院のベッドで病と戦いながら、勉強を続けたのである。

そしてついに昭和五十八年、彼は失明後約十年を経て、理学博士の学位を取得した。全盲の理学博士はもちろん我が国初。博士号を取得することを目標としてきた彼が、その途中で盲目というハンデキャップを背負いながらも負けることなく、目標を最後まで貫き通したのである。

断じて目的を見失うまいとする彼の執念が、そして信念がこの奇跡を成し遂げたことは、言うまでもない。

常識を次々とくつがえす生き方

全盲のハンデを乗り越えた人間は、他にも数多い。東京大学では初の全盲学生として話題を呼んだ**石川准**さんもその一人である。

彼は五歳で左目を失明、高校一年の時にも残る右目が網膜はく離にかかって、その二年後に全盲となった。このハンデを克服して、昭和五十二年、東大を受験、見事に合格した。

そして四年後、やはり東大としては初の全盲の卒業生となった。彼自身の人並以上の努力と二十人を越す学友や民間人のボランティアによって得られた卒業である。とりわけ、彼自身の努力は人一倍であった。

彼が専攻した社会学は、他の学部と比べて読む本が多く、領域も広い。読みたい本は指導教授が窓口となって、ボランティアに朗読テープの制作を頼んだ。それを石川さんが聞くのであるが、普通に読むのと比べて数倍時間がかかる。そこで彼は聞きづらいが、テープを倍の速度で回し、少しでも時間を節約するようにした。

また本来、家に閉じ込もりがちになるところを積極的に動き回り、学友たちとも接触を保った。アルバイトとして家庭教師もやった。関西へも旅行したし、プールに通って体力もつけた。

もちろん悩んだ時期もあったという。一、二年生の頃は周囲にとけ込めずに苦しんだ。しかしそれも三年生になって何とかふっきれたという。

卒業後は大学院へ進学。盲目というハンデを乗り越え、我が国では最高位の学府に学ぶことができたのである。普通の人間でも東大入学、そして卒業といえば、かなり難しい関門である。それを全盲の身で成し遂げた石川さん。彼にもまた、絶対に実現させてみせるという信念があったからに他ならない。

もう一人、やはり全盲でありながら「物理専攻」に合格した人を紹介する。

彼は**八木陽平**さん。国際基督教大学の教養学部理学部に昭和五十八年合格した。

この物理専攻というのは、実験が不可欠なことから、これまで目の不自由な人は受験のチャンスすら与えられなかったところである。八木さんは、いわばこの〝開かずの門〟を最初に開いた人間となった。

彼が物理学に引かれたのは、中二の時。先天性緑内障だった彼が、理論物理の点訳本を読んだのがきっかけだった。受験勉強に明け暮れるかたわら、理論物理専攻でも受験のチャンスを与えてくれる大学を丹念に探し回った。高校の先生も支援に回ってくれた。そしてついに、国際基督教大学を探しあてたのである。

受験のほうも完全に合格ラインを超えた立派な成績で合格。競争率五・二五倍の難関を突破した。

八木さんのケースも、物理学専攻という目標を盲目というハンデを背負いながら、貫き通した例である。

このようにたとえ全盲であっても、目標を貫き通した人は数多い。どんな最悪な条件であっても必ず目的は達成することができる。そう信じて努力し続けると、その人を取り巻く人々の中にも応援してくれる人が現れ、環境は自分に有利に展開するのである。事実、彼らは多くの支援者たちに恵まれている。

そして、大切なことはハンデの有無ではなく、一度決めたことを最後までやり通そうとする強い意志の有無なのだ。これこそ大切なのである。

絶望の果てに迷いが吹き飛んだ！

人間には様々な願望がある。車の免許を取りたい、外国へ旅行したい、スポーツが上手になりたい。あるいは毎日ジョギングをして、スマートになりたいというような身近な願望もある。

こうした願いは、普通ならばほとんどの場合、叶えられる。ただし、本人が本気でやる気になった場合に限られるが……。

だが、**相馬靖雄**さんのケースは大分異なる。なぜなら相馬さんには両足がないからだ。

相馬さんは七歳の時自転車に乗っていて転び、下水溝に落ちた拍子にせき髄を痛めた。以来、下半身不髄になって、自宅にこもったきりの生活となる。もちろん学校に

も行けない。この生活が二十三歳まで続いた。この間「自宅から一歩も出なかった」というから驚く。

その後、曲がらなくなった足を手術しようとして失敗し、左足を付け根から切断。一九六七年の夏に残った右足も、転んで骨折したことが原因で、これも付け根から切断してしまった。

両足が無くなった時の絶望感。相馬さんは、この当時のことをこう語る。

「フロもトイレも、何をするにも一人ではできない。何度も、何度も絶望感を味わった。でも、もう絶対に歩けないと思ったら、迷いがふっ切れた」

車イスの生活が始まる。リハビリテーションに通いながら、独学で読み書きと計算の勉強。一九七一年には自動車の免許を取得した。時計会社に工員として就職してからは、身障者の国体にも出場し、「やり正確投げ」で優勝。卓球でも二位に入賞した。

一九七七年、相馬さんは荒川区の夜間中学に入学した。「将来、体の不自由な人たちのためになるよう福祉関係の仕事をしていきたい。それにはまず勉強が必要だ」と思ったからである。夜間中学を卒業した彼は、世田谷区にある定時制高校へ入学する。

これまでの国体出場などで、運動に自信を持った相馬さんは、学問とともにスポーツにも熱中していく。

一九八一年十月、山梨県で開かれた「河口湖・西湖マラソン」に、ただ一人の車いすランナーとして、相馬さんは十キロコースに挑戦した。結果は、一時間二十一分五十九秒で参加五百六十人中ビリであったが、起伏の激しいコースに約二百五十人が途中で棄権していた。車いすで最後まで走り抜いた相馬さんに、沿道の観衆からさかんな声援がおくられた。

十キロコースを克服した彼は、次の目標にその年の十二月ハワイ・ホノルルで行われる「ホノルル・マラソン」を選んだ。四二・一九五キロのフルマラソン。日本人の車いすランナーとしてははじめての出場であり、彼にとっても生まれてはじめての外国旅行であった。

「願望」が眠っていた潜在能力を呼び起こす

相馬さんの車いすマラソンは、もちろん順位など問題ではない。自分がどこまでやれるかという能力への挑戦である。

半身不髄になり、二十三年間外出もできなかった人間が、両足切断という大きな苦難から立ち直っただけでなく、精神的・肉体的なハンデを克服して、さらに次のステップへと挑戦する。何が彼を変えたのであろうか。

私は、彼の変身の原点は二十三歳の時〝自分も外に出てみよう〟と願望したことにあると考える。その願望が、彼の中に眠っていた潜在能力を呼び起こしたのである。「自分はもう駄目だ」と人生をあきらめていた人が、何かのきっかけで〝もう一度何とかしたい〟と心の中でもがきだす。このもがきの振幅がやがて大きくなって、その人の潜在能力が目覚めてくるのだ。

別の例を次に紹介しよう。

十数冊の大学ノートの中に書き綴られた言葉。その文字は大きさも形も不揃いで、見た目には不様だが、一字一字に持ち主の思いが強く込められている。

町田知子さんは、誕生数ヵ月後に脳性小児麻痺の宣告を受けた。一人で立つことも、自由に話すこともできない。だが、母親の強い愛情と知子さん自身の意志で、文学への道をすすんでいる。

知子さんは、生後七ヵ月から独り立ちするためのあらゆる訓練を始めた。小学校に入る前から字や絵をよく描いた。本格的に詩や文章を書き始めたのは高校一年の時からである。

担当の先生の「文章で身を立てた先輩もいる。頑張ってみなさい」という励ましがきっかけになり、彼女は大学ノートに文章を書きだした。書くのは家の人が寝静まった深夜である。体が不自由なので腹ばいになって、指でしっかりと鉛筆を握り、手と目を紙に集中させる。こうして書き綴った大学ノートが十数冊になった。

一九八一年七月、知子さんの大学ノートの一部が『17歳のオルゴール』という本になった。翌年三月にはさらに続編『いま、私は風になる』が出版された。いずれも彼女の心の中の青春が描かれている。彼女自身の「人間」「命」「両親」「恋」など、生きることとすべてに対する思いのたけである。

この町田知子さんの例も、人間はどんな最悪の条件の中でも、常に高い望みを持ち、それを念じ、叫び続けていれば、そして努力をするならばやがて願望が実現するということを物語っている。

❸ なぜあなたの運が好転しないのか

●「弱気」があなたの運命を閉ざしている

すべての原因はあなたの心の中にある

これまで私は、どんなに過酷な条件であろうとも、また自分自身に欠陥やハンデキャップがあろうと、強靱な精神力を持ち続けることさえできれば、必ず行く手は開かれることを繰り返し述べてきた。

しかし、これだけの具体例や成功例を知りながらも、そのまま信じて自分の人生観や生き方を変えようとする人はまだ多くはないであろう。むしろ、依然として自分の欠陥や能力のなさに対してコンプレックスを抱き、積極的に生きようとする意欲を放棄している人のほうが多いのではなかろうか。

では、なぜ多くの人々はコンプレックスにさいなまされ、前途を悲観し、可能なことも不可能と思ってしまうのか。そのキーポイントは、やはり心の底のどこかで、自分の欠陥とか能力のなさを払拭できないことである。そして失敗への恐怖感があるからである。

すばらしい前途を切り開くことを妨げているのは、あなた自身の心の中に原因があるのである。コンプレックスを克服し、自己に対する自信を身につけなければ、あなたの成功はありえないのだ。あなたの成功を妨げている元凶を断つことが、本章の主旨である。

欠陥は成長への原動力である

コンプレックスは、自己の欠陥にこだわり、自分に才能がないと考えることによって生まれる。多くの人々にとって、最も気になるのはやはりこの欠陥だろう。欠陥というものは、その形態や程度に差はあるものの誰もが持っているものである。

二章で述べたような盲目の人や障害を持った人などは、その極端な例だと考えていいだろう。

しかし極端な欠陥を持ちながら、彼らはその欠陥をバネとして自らの人生を切り開いていった。どんな人でも実は、人間として欠陥があるから成長発展できるのである。

欠陥があるからこそ、そして、それを何とか克服しようとして努力するからこそ成長するわけだ。

たとえば、幼児の頃のやけどで不自由になった手指を手術によって治し、将来大きな成功をおさめたことで知られる**野口英世**。彼は、どんなことにも非常に積極的に取り組んだ男としても知られている。厚顔でものおじせず、周囲から見れば出世の鬼のようにも見えたという。

その野口にある時、「どうしてそんなに出世したいのですか」と聞いた者がいた。彼は即座に「小さい頃、体の欠陥のせいで皆にバカにされた。だから今、そのかたきを取っているんだ」と答えたという。野口英世もまた、欠陥をバネとして成長した人間の一人なのである。

つまり、欠陥によって人生が開けないということはないのである。欠陥は欠陥として正面から認め、承知した上で戦えば、その人間の人格を向上させ、進歩につながっていく。

山本五十六もこんなことを言っている。

「人は誰でも負い目を持っている。それを克服しようとして進歩するのだ」

欠陥という負い目を克服しようとする意志、これこそが人間を進歩させる原動力なのである。また作家の**三木卓**が劣等感についてこんなことを言っている。

「劣等感とは、十全に生きたいと強くねがう人ほど味わわねばならぬ可能性が多くなる感覚なのであって、いちがいに萎縮した退嬰的なものと思うわけにはいかないのである。（中略）だから劣等感というものは、高級な感覚だ、ともいえる」

冒険には失敗を凌駕する報酬がある

多くの人々は失敗を恐れている。失敗するとみっともないし、失うものも大きいと考えているからだ。そして失敗を恐れて、あえて冒険はしたくないと考えるのが人間の常である。

私はある時、九州で生まれ育ち九州の大学を出たという青年から、身の上相談を受けたことがあった。

大学を出てから地元の銀行に勤務していた彼は、銀行員を辞めて東京のある小さな会社に転職したいと言った。その会社には、自分が以前から取り組んでみたいと考えていた仕事があるのだという。その代わり、給与は下がるし、将来への安定性は比べものにならないほどの差ができてしまう。

私はこう答えた。「君に新しいものにチャレンジする情熱があるのなら、東京へ行くべきだ。たとえ失敗しても得るものは多いはず。必ず失敗に見合うだけの収穫があるに違いない。冒険は若者の特権だ。その冒険によって失敗することがあっても、その失敗を凌駕する報酬がある」私の答えは明確であった。

作家の**吉行淳之介**氏も、ある著書の中でこんなことを言っている。

「失敗を恐れないのが若者の特権だ。醜態を演じるのが若者である」

自ら進んで失敗しようとする人はいない。しかし失敗を恐れるあまり何もしない人は数多い。若者に限らず、どんな人間でも失敗を恐れてはいけない。恐怖感のあまり何の行動も起こさない人間に、成功などありえない。

失敗は成功へのパスポート

トーマス・エドワード・ローレンスは「確実な成功にはなんらの栄誉もありえないが、確実な敗北からは多くの力がほじくりだされるはずだ」と述べている。

敗北、すなわち失敗は、人間にとって成長の源である。失敗は素晴らしい体験であり、得るところが多い。まさに「失敗は成功のもと」なのだ。人間は失敗を何度も何度も繰り返すことで、様々なことを教えられる。そして同時に鍛えられ、強くなるのである。多くの失敗が、人間に様々なことを学ばせ、そして導いてくれる。

失敗をすることは恥でも何でもない。問題は、その失敗を教訓にしてどのように立ち上がるかなのだ。少林寺拳法で有名な**宗道臣**も同じようなことを言っていた。

「人間の値打ちは失敗するかしないかではなく、失敗から起き上がれるかどうかによって決まる。一度してしまった失敗は、もう返ってこないけれども、同じ失敗を繰り返さないよう努力し、新たにやり直すことはできる。自分はだめな人間だと思いこんだ時、人間はほんとうにだめになるものである」

●すべてを叶える力の原理を知れ！

信念と目標さえあれば必ず成功できる

「失敗を恐れず、人生の冒険家たれ」——言葉では分かっていても、やはり自信がないという人は多いはずである。自分の置かれている立場や環境が劣悪で厳しい。結局は失敗に終わる、と心の底で思ってしまうのである。

私自身の話をしよう。私は体が細く、体力もなく、いつも健康状態のよくない人間である。それでも私は、これまで数多くの難関を突破してきた。もちろん最初は、それらの難関を乗り越える自信などなかった。

ただ、私はいつも必死にもがいてきた。可能性があるのかないのかも分からぬまま、それでもあらゆる可能性を求めて東奔西走したのである。とくに若い頃は、信念を持ってぶつかれば何事にも道は開けてくるという〝見えざる真理〟について、私はまだ知らなかった。

私が〝見えざる真理〟を把握できたのは、四十代後半になってからである。それ以前は、何の道標もなく単にもがいていたに過ぎない。

それでも私は数多くの辛酸をなめ、苦難と戦ってきた。そして一つひとつの艱難を突破しながら、少しずつ自信をつけていったのである。つまり私自身、最初から自信があったわけではない。

私は、はじめから自信があったとか、はじめから信念があったという言葉を信用しない。難関にぶつかっていって、多くの辛酸をなめながら、どうにか乗り越えていく。自信や信念というものは、そういう人生体験の結果としてはじめて出て来るものなのだ。

つまりはじめは、自分の多くの弱点や欠陥を承知の上で、またどんなに劣悪な状況にあっても、「自分の人生はこうあって欲しい」とする意欲や目標を持って、体当たりでぶつかっていくべきである。

とは言っても、ただ単にぶつかっていけばよい、というものでもない。精神の根底に、意欲的なチャレンジ精神を秘めていなければならない。そういう意志を維持させていくことが大切なのだ。

人間の潜在能力は、その人自身が想像する以上に大きなものである。つまりできるだけ大きな目標を掲げて生きるほうがいい。大きな目標を持つことによって、潜在能力もより大きく発掘されるからだ。

できるだけ大きな目標を立ててぶつかっていけば、それだけ成長も大きいということだ。もちろん目標は、長い人生の中で変わっていくこともある。しかし、自分の人生を自らの力で切り開いていこうとする意欲さえあれば、当初の目標よりも大きな成果を得られるはずである。目指していた夢よりも、大きな成果を得られるのである。

弱者でも強者を倒せる！

自分には能力がない、とよく人は言うが、世の中には小が大を制することは数多い。あるいは、不利な状況の人間が、有利な立場にある人間に勝つことはよくあることだ。

たとえば「柔よく剛を制す」という言葉もある柔道の世界。かつて柔道日本一だった**三船久蔵**十段は、非常に小柄だった。その小男が並みいる大男たちを次々と投げ飛ばし、日本一の座についたのである。努力によって自分の弱点をカバーできる、三船十段の例はそんな典型と言って過言ではないだろう。

その三船十段が、いみじくもこんなことを言っている。

「小さいから大を倒せる。そこに日本武道としての柔道の意義がある」

またこんな例もある。日本は資本主義社会である。資本主義社会はすべからく資本の論理によって支配される。持てる者が強く、持てない者は弱い。本来ならば中小企業が大企業に勝てるはずはないのである。

ところが現実は、大企業がしばしば中小企業に負けることがある。たとえば最新のエレクトロニクスやコンピュータの技術革新競争では、たびたび大企業が中小企業に遅れをとっているのが現実だ。ベンチャービジネスと呼ばれる小さな技術開発企業群が、大企業の考えもしなかった最新技術を開発し、商品化してしまうことがよくあるのである。

かつてカシオという会社は小さな企業であった。それが電卓の販売において大企業に打ち勝ち、現在の位置まで登りつめている。これも、一つの弱者が強者を打ち負かしたケースと言えるだろう。

ことほどさように、最高の業績をあげた人の数多くは、悪条件にあったケースが多い。何らかのハンデキャップを持っていたが故に、それをバネ返そうとして発奮し、ハンデを持たない人よりも高い成果を達成してしまうのである。

自信喪失の時こそチャンス到来と考えよ

明治の文豪、**島崎藤村**は**「弱いのは決して恥ではない。その弱さに徹しえないのが恥だ」**と言っている。弱さに徹するとはどういうことなのか。また人間にとって弱いとはどういうことなのか。

同じくロシアの文豪**ドストエフスキー**は、**「絶望の中にも焼けつくように強烈な快感があるものだ。ことに自分の進退きわまったみじめな境遇を痛切に意識する時などはなおさらである」**と述べている。

人間は弱さや絶望によって自信を喪失する。しかし弱さや絶望も、単に否定的にとらえるのではなく、二人の文豪のように肯定的な立場で見れば、希望は見えてくるのである。

人生というものは、苦しみも経験しなければ理解できない部分が非常に多い。苦しみをなめるような体験の中には、人生にとって極めて貴重なあらゆるものが入っている。

たたきつけられ、打ちのめされて苦しいと思う時に、コンプレックスが生まれてくる。だが、コンプレックスを感ずるからこそ、我々は真の人生というものに気がつくのだ。

換言すれば、苦悩したり自信喪失に陥ることは、逆に素晴らしいチャンスでもある。そういう状況にならなければ分からないことが、見えてきたり、人生の構図というものを垣間見ることができるものだ。たとえば柔道の術にも、倒された時にはじめて使えるものがある。自信喪失の時こそ、一種のチャンスなのである。そのことに気づこうではないか。

無限の力を与える実相の世界

様々なことを述べてきたが、確実に、しかも最も早く自分の目的を達成するには、すべての人々が無限の力につながっているという見えざる真理を知るのがよいだろう。

この無限の力とは、「実相」の世界にうまく接続することによって得られるものである。実相の世界とは、富と力に満ちる輝かしいもので、すべての人間の心がこれに

接している。この実相の世界こそが、私たちに無限の力を供給してくれるのであり、そのことに気がつくことが重要なのだ。

「気づく」ことは宗教で言えば、悟りに等しい。もちろん悟ることは若干難しいことで、同様にこの実相の世界の原理に気づくことは必ずしもたやすくはない。

その代わり、一度気づいてしまえば絶大な力が身につき、あらゆることが可能になるのである。もちろん実相に目ざめるには、様々な段階がある。実相に目ざめるにしたがって、あるいは目ざめようとする努力に比例して、実相から大きな力が供給されるのである。

では、この実相の世界に気づくにはどうすればいいのか。自分の体験を通じて学びとっていく方法でもいいだろう。あるいは実相の世界について書かれた書物を読むのもよい。要は、その見えざる真理、実相の世界に気づこうとする意志が重要である。

もちろん実相の世界に気づくといっても、一朝一夕にできるものではない。時間がかかる。仏教にせよ、キリスト教やイスラム教でも悟りの境地に至るまでには時間がかかるのである。だから現時点では、とにかく「気づこう」とする意志を持つことだ。その上で、長い人生体験を通じて一つずつ自分で実証し、悟りの境地に近づいていけばいい。

●自分だけに存在する能力を見い出せ！

人には固有の才能と任務がある

十人十色という。人は様々である。学校の勉強はできるが、スポーツはまるでダメという人間もいれば、営業感覚はかなり劣るが、代わりに事務的な処理能力には長けているという人もいる。人間の能力は、それぞれその人個人によって異なるのである。だから人間がコンプレックスに陥ったり、いつまでも欠陥や欠点に悩むということも、考えてみれば、一元的な物の見方や視野の狭さから来るものとも言える。

たとえば、野球のホームラン王の**ベーブ・ルース**は子どもの頃はひどい不良少年だったと言われる。それが、**野球選手になったことで自己に最も適した役割を見つけ、人々のヒーローになった。**

チビでやせていて、百五十九センチしか身長がなかったといわれる**ナポレオン**も、**自己の欠陥をはね返し、ヨーロッパ征服の英雄となった。**

また、発明王となった**トーマス・エジソン**は、子どもの頃落第し、教師にも見離されたという経験を持っている。**結局彼は子どもの可能性を信じる母親によって教育を受け、自分の能力を伸ばせるように育てられていく。**落第をするような落ちこぼれではあったが、彼もまた発明の世界で世界一になった男である。

チャーチルも、少年時代は落ちこぼれで不良少年であった。**とりわけ彼は数学と外国語が苦手で、今日の日本で言えば将来性ゼロと言ったところだろう。しかし彼はそれでも政治能力のみならず、ノーベル文学賞をとるほどの文学的才覚と絵画の素晴らしい才能を持ち、非常に多才な人間として成功した。**チャーチルにとって、数学と外国語ができなかったことなど、些細なことになってしまったのである。

兄弟の中では最も虚弱で、秀でた才能もなく目立たない存在であったといわれる**エマーソン**にも、同じようなことが言える。**彼は子どもの頃はいつも兄弟にひけめを感じ、落ちこぼれのように育ってきた。それが最終的には、兄弟の中で最も大成した人間となった。**

これらの例を見るまでもなく、学生時代に落ちこぼれだった人間が、将来大成したという例は枚挙にいとまがない。極端な例を出せばヘレン・ケラーなどその典型と言える。**三重苦を背負った彼女が、子ども時代に将来性など見込まれるはずはない。それでも彼女は数多くの〝仕事〟を残した。**

つまり、人間にはその人特有の能力や個性があり、社会的に見ればすべての人に固有の価値と任務があるということである。ただ、人間はその固有の能力や使命に気づかないことが多い。周囲の人間も気づかない。ややもすると気づかないまま、生涯を終えてしまうことだってあるのである。

すべてのものには「存在価値」がある

多くの人間は、自分には才能がないと思っているものだ。だが、見えざる真理から見れば、すべての人にその人でなければできないことや、その人特有の才能、任務が存在しているのである。これを自然界の法則に置き換えてみれば、もっと明確な形で見ることができる。

たとえば鳥の世界。鳥の王者と言えば、鷹である。もしすべての鳥が鷹であったとしたらどうだろう。おそらく自然界は成立しえないで滅んでしまうだろう。あるいは、すべての鳥が最も美しい鳥といわれる孔雀であったらどうか。これも何かもの足りない気がする。すべてが孔雀であれば、その美しさもつまらないものに見えてしまうに違いない。

やはり鷹や孔雀がいて、その他にも啄木鳥《きつつき》のような害虫を獲って自然界に貢献する鳥や、人間に役立つ鳩のような鳥がいてはじめて自然界が成立するのである。

「花」にも同じことが言える。すべての国に国花というものがあり、それらはすべて異なっている。

また同じ国の中でも、地域によって代表とする花が違ってくるのである。

しかも、それらの花にはすべて個性というものがある。

バラにはバラの美しさがあり、桜には桜の魅力があるのだ。チューリップの花がよくて、スミレの花はよくないとは言えない。その花がそれぞれ個別の魅力を持って咲いているのである。

たとえば荒野に咲く一輪の野菊は、他のどんな花にも負けない魅力を持っている。荒れた大地の中にポツンと咲く一輪の花は、数多くの旅人や詩人の心をとらえてきた。

多くの詩人が、野菊をテーマにした詩を残していることからも、それは明らかである。

「自分自身」になりきることが成功への道である

もう一つの例を紹介しておこう。法華経の中に「薬草喩品第五」という一節がある。ここにはこんなことが書いてある。雨というものは、すべて大地に対して一様にそして平等に降りそそぐものだ。しかし雨の受容の方法は、それぞれに違う。大きな樹木は数多く吸収し、小さな木は少ししか受けない。そしてそれぞれ異なった育ち方をするものである。

花にしても、一様に降る雨をそれぞれ違った分量だけ受ける。花の咲かせ方がそれぞれ異なるように、雨の受容の方法も花それぞれである。薬草も同様、人間の役に立つこの草花も、一様に降る雨の受容の方法がそれぞれに違う。

どんなに才能がない、欠陥があると言っても、この世の中にはその個体特有の、あるいはその人個別の役割、任務というものがあるのである。**トライン**も次のように述べている。

「多くの人たちが、自己独特の個性を発揮することを忘れて、常に常識の世界に自分

を委ねているために、自己の可能性を充分発揮することができず、それよりずっと低い生活をしている、あなたはこの世界において一個の有力な実力者となろうと欲せられますか。では〝自分自身〟になることです」

自分自身になること、すなわち自己の役割とは何か、自分にとって最も才能を発揮できるものは何かをつきとめることだ。あなたの成功を妨げるコンプレックスや自信喪失も、この世界での自己の任務というものを認識することによって払拭できる。

トラインはまた、こうも言っている。

「自己の独創的人格を習俗や因習の前に屈伏せしめてはならない。なぜなら人間の個性的人格というものは宇宙大生命の最も優れた変圧器であるからである」

④ 運命を逆転させるこの法則

●潜在能力には死をも退けるパワーがある

心に思うことはすべて形になって現れる

人生における転機は、その人の置かれた境遇や肉体的条件、あるいは年齢と関係なく、強烈な信念とそれを持続させる強い意志があれば可能であることをこれまで述べてきた。

そしてまた、人間の持つ潜在能力は〝死の宣告〟をも無効にし、〝不治の病い〟から立ち直らせることもできるのである。

フレデリック・ベイルズ。『あなたの心は自分を癒すことができる』『人間の諸問題を解決する隠れたる力』という書物の著者である彼は、若い頃伝導者になろうとしてロンドンで勉強していた。

しかし、彼が伝導に関する課程を終え、医学の研修に入ろうとした時、当時の医学界の権威者から**「君は糖尿病にかかっている」と診断され、「あと八ヵ月の生命」だと宣告される。**

糖尿病については、第五十九代横綱だった隆の里の苦闘の例にみるように、現代でも難病の一つであり、インシュリン治療のなかった当時は、不治の病いとして恐れられていた。

ベイルズにとって、この〝死の宣告〟は衝撃であった。神に仕え、人類救済のために生涯をささげようとしている者が、不治の難病にとりつかれるなんて……。彼は打ちのめされた。そして悲痛な叫びをあげる。

「医者がどんなに僕に最後の通牒を突きつけたにせよ、そんな最後の通牒など僕は断じて信じない、信じることはできないのだ」

医師に死の宣告をされ絶望の日々を送っていた彼は、ある日友人の書斎で『個人における創造的過程』（トーマス・トロワード著）という一冊の本に出会う。**トーマス・トロワード**は英国生まれの熱心な教会人で、印度で判事の役職を持ち、東洋の宗教の研究を行っている比較宗教学研究の大家であった。

この本の中から**「宇宙には、人間の念願、希望、選択等、人の心の中に描かれたも**

のを受けとり、それを現象の世界に造形する原理がある」という言葉を見い出した彼は、ある種の感動を覚えた。そして、著者のトロワード自身が**「心に思うことはすべて形の世界に現れる」**ということを信じていたことを知って、自分の心の中に一筋の光明を見つける。

その後、ベイルズはトロワードの著書の研究に没頭していく。トロワードにはほかに『精神科学入門』『聖書の神秘を開く』などの著述があり、彼がそれらの著書の中で述べているのは、「宇宙には、各人各人の心を通して働いているところの神の無限の創造力があり、その創造の過程の中から何びとでも、自分の心が選ぶところのものを、自分の生活の中にとり入れて実現することができるのだ」ということである。

はじめのころベイルズには、トロワードのこの論理のすべてを肯定することができなかった。彼は次のように語る。

「わたしは、きわめてオーソドックスな教派のクリスチャンであり、トロワードの非オーソドックスな論述に対して、最初は眼を逸らしたものだった。だが、私には彼の説くところを信じなければならない絶対的な必要性があった。私は生きたかったのだ」

不治の病はこうして完治した

ベイルズが死の宣告を受けた日から一年半が過ぎた。宣告が事実ならば、すでに死が訪れているはずなのだが、彼に死の徴候はなかった。

彼の弱っていた膵臓が奇跡的に回復に向かい、彼が糖尿病で死ぬ気遣いはなくなっていた。だが、健康の回復は牛の歩みのように遅かった。六年の歳月を経てもなお、彼の尿から糖の痕跡が検出されていたのだ。

ベイルズは回復の遅い原因について考えた。そして、自分の心の中のどこかに〝回復への抵抗の念〟があるに違いないと気づいた。だが、それは彼が本心から願っていることではないのである。

彼は己れの潜在意識をチェックし、自分の中に存在していた過去の破壊的想念のかすかな足跡を、完全に払拭した。

そして、彼は病いに対してこう宣言する。「汝はここに何ら居住の権利のない領域に侵入してきた不法居住者である。わたしは今即刻、法に照らして汝を追放し、分解し、その存在を否定する」

彼はさらに次の言葉を心の中に唱える。

「わたしは今、汝を放ち去って、それをつかんで汚れていた両手を洗う。もうわたしは汝と戦うことは要らないのだ。汝について思い煩うことは要らないのである（中略）。汝はわたしが子どもの時にわたしをびっくりさせた〝お化け人形〟と同じく、実在のものではないのだ。わたしは瞑想のうちに、自分の想念の最後の一筋の糸までもことごとく、わが全身のすべての細胞を貫いてわたしの全身を生かしていたもう神の、〝透徹せる健全の想念〟の中に投げ入れたのである」

「わたしはわが内に神の構図の美しさを観るのである。言語を絶するその調和を観るのである。どんな障擬からも完全に自由なる実相を観るのである。神が瞑想によってこの世界を創造し給いしとき、〝すべて善し〟と宣いしその息吹をわたしは今感ずるのである。心静かに、今、わたしは、天地を創造し給いし〝無限者の心〟の奥殿にましします中核体の中に自分自身を投げ入れてそれと融合し、その〝無限者の心〟はわたしの心となり、わが全身を貫流しつつあることを如実に知って、揺がざる金剛の平和を獲得したのである」

ベイルズはこのような言葉を心の中で唱えながら、無限者たる神の力を繰り返し念じ続けた。さらに神の力の貫流せる我が身の聖なる完全さを心に繰り返して念じ、

〝すでに神癒は完成せり〟と宣言した。そしてこの神癒を授け給うた神に感謝をささげたのである。

神癒は現れた。次にベイルズが受けた診療所からのリポートでは、〝糖〟の排出はゼロであった。そして、その後再発することはなかった。

彼はこの劇的な神癒を体験した後、五十年間にわたって病気以外の他のあらゆる領域、場面にこの原理を応用できることを発見した。

実業の世界、食料問題、安全保障の問題、自動車の問題や売りたい不動産が見事に売れたというようなことにまで、この法則は応用されて効果を現した。

ベイルズはこの原理を用いて混乱騒擾《そうじょう》の世界に調和をもたらすことができた。彼が発見したところによると、それは一つの宇宙普遍の原理であって、この原理を利用すれば、他を傷つけない希望である限り、何でも自己の希望する事物を自己の人生に持ち来たすことができるのである（参考文献＝J・E・アディントン『奇蹟の時は今』）。

あなた自身が万能の神の子だ

フレデリック・ベイルズは宗教的な悟りによって、死の恐怖を克服するとともに、神の力を信じることによって不治の病いからの奇跡的な回復を遂げた。

では、神を信じない人間には奇跡は起こり得ないのであろうか。否、普通の人間でも不可能を可能にすることができるのだ。要は願望を潜在意識の中に強く念じ込み、それを飽くことなく持続させることである。

〝人事を尽して天命を待つ〟という諺があるが、天命を待つという姿勢がすでに願望を放棄しているのだ。〝天命を打ち破る〟という気構えで念じればできないことはない。至誠は天に通じるのである。他の諺にあるではないか、〝断じて行えば鬼神もこれを避く〟と。**「絶対にやってみせる」という言葉を常に心の中で叫ぶことによって、その想念は宇宙の心に刻み込まれていく。そして、自分の想念が、たえず宇宙の心に刻みつけられると、大なる作用を起こし始めるのである。**

さらに想念が高まるにつれて、想念は実相へと結びつく。実相のエネルギーは無限である。たとえ信仰心のない人でも、力強い想念によって実相に結びつくことができれば、この無限のエネルギーを汲み出すことができるのだ。

普通、人間の想念は弱い。また信仰心を持たない人たちも大勢いる。しかし、想念が弱くとも念じ続けなければならない。一心不乱、真剣になって念じるのだ。その一方では絶えず自分の想念を培養し、強めるように努力することが必要だ。

もちろん、たえず仕事への努力も続けなければならない。もし、まじめに努力しなければ、本人が「できる」とは信じえないだろう。

たえざる想念、たえざる努力、目標に向かって全力投球すれば、人生は意外に大きく開けてくるものである。

●持続する強固な意志は世界の歴史をも変える！

苦難の時をいかに過ごすか

人生を負（マイナス）の状態から、正（プラス）の状態へと逆転させるには、積極的な意志（想念）とそれを持続させる努力が必要なことを述べてきた。だが、一般的には意志を持つことは容易だが、持続させるのは困難だとされている。

次に記す張騫（ちょうけん）の例は、人生における勝負がしばしば短期間のもので

はなく、どんなに悪条件に見舞われようとも、持続する強固な意志がある限り、願望は必ず成就するという例としてとりあげてみたい。

時は紀元前一三九年中国は漢の武帝の時代である。前年に即位した武帝は、我がもの顔でモンゴリヤから中国辺境をのし歩き、しばしば漢の領土を脅かしていた匈奴《きょうど》を制圧すべく立ち上がった。

その当時匈奴は、甘粛地方にいた月氏という民族をイリ地方へ追放し、中国とタリム盆地を結ぶ絹の道《シルクロード》の要衝である楼蘭国を征服、さらにタリム盆地内のオアシス諸国を次々と支配下に収めていた。つまりその頃のシルクロードは、匈奴によって完全に支配されていたのである。

匈奴制圧を願う武帝は、ある時、捕虜にした匈奴人を訊問中に、耳よりな話を聞く。それはかつて匈奴に破れ、故郷の甘粛地方を追われてイリ地方に逃れている月氏族が、何処かの国と手を結んで匈奴への怨みをはらそうとしているというものだった。そこには、匈奴が月氏を破った時月氏王の首を刎ね、その頭蓋骨で酒杯を作り、祝杯をあげたことへの怨念も含まれているという。

これを聞いた武帝は渡りに舟と考え、月氏に使者を派遣することを決意する。連合して匈奴を制圧しようというわけである。この時、使者の募集に応じたのが後にアジアのコロンブスと呼ばれた張騫であった。

張騫は解放奴隷の甘父ほか百余人の従者を率いて甘粛地方に向かった。ひと足国境を出れば、周囲はみな匈奴の領土。まさに敵中突破の決死行である。

たちまちのうちに一行は匈奴に発見され、張騫は捕えられて匈奴王単于《ぜんう》のもとに引き立てられてしまった。単于は一行の目的を訊問し、張騫が月氏と同盟を結ぶための使者であることを知ると、彼を捕虜にした。

単于は張騫を捕虜にしたものの、身の丈高く力もひときわすぐれ、人格も立派であった彼を何とかして匈奴に帰化させようと考えた。当時、匈奴は漢人の捕虜でも優秀な人材は積極的に登用していたのである。

匈奴人の娘を妻に与えられた張騫は、十一年間を彼らの間で送り、子どもまでつくった。しかし、それはあくまでうわべだけのことで、張騫の本心は所期の目的を達成すべくチャンスの到来をうかがっていたのだ。

ひとくちに十一年間というが、これは気の遠くなるような歳月である。しかも、捕虜とはいえ、妻を与えられ、生活は安定している。子どもも生まれた。並みの人間であれば、とうにその暮らしに安住して、初心を忘れるか、志を放棄しているに違いない。だが、張騫の意志は不屈であった。常人では持ち得ない強固な信念の持ち主だったのだ。

闘い続ける者は必ず目的を達成できる

匈奴の監視が弛んだある夜、彼は捕虜になっているかつての部下たちを集め、馬を盗んで広野に遁走した。西走数十日、匈奴の追跡を振り切った一行は、ようやく大宛国に着くことができた。大宛はかねてより漢が大国で富裕であることを伝え聞いており、交易を望んでいたため、張騫一行が漢人であることを知ると早速謁見した。

張騫はこれまでのいきさつを詳しく述べ、大宛王に月氏国までの援護を依頼した。快く引きうけた大宛王は道案内や通訳をつけて、一行を月氏国まで案内した。

当時、大月氏国は人口四十万の遊牧民国家を形成し、その広大な領土は肥沃な上に他民族の侵入も少なく、平和そのものであった。また、漢とも遠く隔っていたので、いまさら手を結んで匈奴を攻撃しようという気持もさらさらなかった。張騫は一年余にわたって、熱心に月氏を口説いたが、王の気持はついになびかず、彼は涙をのんで帰国せざるをえなかった。

長安を出てから苦節十数年。張騫の決死の努力は実らなかったが、彼にはまだ結果を武帝に報告するつとめがあった。また、中国人としてはじめて見聞したシルクロードと西アジア諸国の形勢を、武帝に知らせたかった。

だが、帰途についた彼ら一行は再び匈奴の手に捕えられてしまう。さしもの張騫も今度ばかりは命がないものと覚悟した。

ところが天は決死断行の彼に味方する。

彼が捕えられた直後、匈奴では単于が没し、その後継者争いが起こったのである。この混乱にまぎれ、張騫は甘父と胡妻をつれて長安を目ざしてひた走った。昼は隠れ、夜に疾走する逃避行である。三人は苦難の末ようやく長安に辿りついた。時は紀元前一二六年、実に十三年がかりの大冒険旅行であり、出発時は百人を越えたメンバーが、わずか二人に減っていたのである。

なぜ相反する目的が遼成されたか

ちょっとここで話が脇道にそれる。

筆者の友人に**志村賢一という能面師**がいた。彼はもともとの能面作りではない。本職は貸ビル会社の社長であり、能面作家として知られるようになったのは五十歳以降である。

第二次世界大戦中、大陸で兵隊として転戦してきた志村氏は、幾度か死にかけながらも終戦を迎えた。帰国して五千円の軍人慰労金を貰ったが、それをそのまま骨董の甲冑につぎこんでしまうという変わり者である。いや、彼の中に以前から潜んでいた芸術や美術を愛するという気持ちが、九死に一生を得て生還した時、思わず内面から迸《ほとばし》ったのであろう。

志村氏は若い頃から芸術家に憧れていた。と同時に、大金持ちになりたいという野望もあった。日本人の感覚では通常この二つは相反する。芸術家とは貧しい者であり、金銭を得ようとする者は、芸術などには目もくれないという考え方である。だが、彼はこの二律背反の実現を願った。

五千円という当時の大金を骨董に使い果たした彼は、父の家業をついで魚屋を始めた。しかし、うまくいかずに店じまい。次に夫婦でお惣菜づくりを始める。この時、義父のすすめもあって、魚屋の店を処分した金を頭金にし、杉並区に土地を買った。

その頃の相場で坪三千円だったという。バカに安い価であるが、それでも当時貧しい夫婦にとって土地代金の分割払いは非常に大きな負担であった。だが、土地買いをすすめた義父には、あるいは先見の明があって、やがて近くに地下鉄が通り、土地代が上がるとみたのだろうか？

夫婦はローン返済のために必死で働いた。やがてお惣菜売りが軌道に乗り始め、小さいながらも食品会社にまで成長した。

やがて彼らに幸運が訪れる。戦後の土地ブームが始まり、買っておいた土地の近くに地下鉄丸ノ内線が通るようになり、買った土地が数十倍以上の価格で売れたのである。

この資金を元手に貸しビル会社を起こした彼は、商売が的中して、大小合わせて数個のビルを持つ大金持ちとなった。

この話を読者はどう思うだろうか。「なあんだ、土地ブームに乗って儲けただけの、幸運な男の話ではないか」。確かに彼はラッキーである。しかし、私は彼が偶然の幸運だけで人生に成功したのではないことを知っている。

小さいころから、彼はずっと心の中で叫び続けたのだ。「私は必ず大金持ちになる」

「私は必ず芸術の分野で名を成してみせる」と。ローンの支払いに追われ、懸命に働く日々の中で、彼は片ときも金持ちになってみせるという念願を捨てなかった。いや、生活苦に追いつめられればられるほど、彼の願望は強まり、想念は培養されていったのである。

実業家として名を成した彼は、次の願望である芸術家の道を志す。人生の半ばである五十歳近くなって、ある著名な能面作家に弟子入りするのである。

この師匠は弟子をとらないことで有名だった。だが志村氏は断わられても断わられてもくじけなかった。口実をつくっては師匠を訪れ、自分の能面の作品をなおしてもらったのだ。ついに、この作家も根負けして、志村氏は押しかけ弟子となる．そして修業を重ね、指折りの能面作家となった。

若い日に自分の命の代金ともいうべき軍人慰労金で骨董を買い込み、芸術家への道を願った彼が、人生の半ばすぎてからついにそれを実現させた。張奮に比べて、歴史的スケールの話ではないが、**志村氏が願望実現に費した歳月も気が遠くなるほど長く、苦しいものであっただろう。**だが、これは確かに**〝信念の勝利〟**だったのである。

一人の男の志がシルクロードを開拓した

話を張騫に戻そう。

張騫の帰還報告は、野心あふれる武帝の心を希望にふくれ上がらせる。彼の報告が武帝をして、対匈奴作戦や西方への積極的な進攻作戦へと踏みきらせたのである。

その後、武帝は張騫を太中大夫に、部下の甘父を奉使君に奉じて、その功をねぎらった。**中国人初の西方旅行者として、新天地を紹介した張騫は、シルクロードの開拓者とされ、後年アジアのコロンブスと評されるようになったのである。**

もし、張騫が武帝の使者募集に応じなかったら、また匈奴の捕虜となり、その境遇に甘んじて一生を送っていたら、後の彼の名声はありえなかったであろう。

だが、志のあるものはどんな状況下に置かれても立ち直ることができる。それが潜在意識の中に強く残っているかぎり、願望を捨てないものはどん底からでも這い上がれるのだ。

再び述べておきたい。

たとえどんな悪い条件の中でも、たとえ長い歳月がかかったとしても、なおも屈せず、勇気を振るいたてて前進する者には、必ず新しい人生が切り開かれると。運命の

鬼は最後まではばむことはしない。「鬼神もついに道をゆずる」のである。

●運命逆転のパワーはこうしてつかめ！

潜在的エネルギー、その無限の原理

逆境をはね返す、あるいは肉体的なハンディを克服する、不治の病を治癒させる。さらには、信念を貫いて、人生の成功を得る運命を逆転させたこれらのパワーが、その人の持つ信念によってなされたことは、納得いただけたことと思う。

では、この信念を支え持続させる膨大なエネルギーの源はどこにあるのか。

人はそれを潜在能力と呼んでいる。人間は時には科学では説明できない不思議な能力を発揮する。

たとえば、もっとも親しい人が亡くなる時、夢枕に立ったとか、虫の知らせでそれを知ったというような話は日本や中国では昔からある。あるいは火事場のクソ力とい

う思いがけない力を発揮することもある。

これらの力は、すべて人間の意識下の力、つまり、誰もが持っているが普段は眠っている能力を眼覚めさせたからにほかならない。

だが、いくら潜在能力を開発したとしても個人の持つそれには限界がある。いわば、一個人という容器の中には一個人分の能力しか入らないのである。

だが、実際には個人の限界をはるかに超えたパワーが発揮されることもあり得る。

これはなぜか。

西洋ではじめてこの潜在意識の解明に努めたのは、スイスの**心理学者ユング**である。

彼は、人間には個人の潜在意識のほかに、すべての人間に共通する潜在意識があると考えた。

「一人ひとりの人間の心は、すべての人の心を結ぶ共通の潜在意識につながっている」という主張である。彼はこれを〝集合的無意識（共通の潜在意識）〟と名づけた。

つまり、潜在意識の集合体による力を使うことによって、個人の能力は十倍、百倍、いや無限に発揮されるというわけである。

共通の潜在意識、これこそ私の説く宇宙の心なのである。

宇宙には、人間から出る想念をプールする広大な貯蓄場がある。そこにはありとあらゆる情報や、過去から未来までの運命の軌跡も蓄積されている。不可能を可能にする超能力のパワーも存在する。そして、これらのものは無限なのである。要は、これをどうやって手に入れるかということだ。

ただ、ここで注意しなければならないのは、宇宙の心は人間の想念の貯蓄場であるから、人間の心から出た善いものばかりではなく、悪しきものも存在するということだ。

つまり、良き種をまけば良き結果が得られ、悪しき種からは悪しき結果が出るということである。仏教でいう因果応報ということだ。

しかし、宇宙の心の中には、実相と呼ばれる絶対善が存在する。ここには人間を傷つけようとする悪意はない。慈悲であり、愛であるものの根源があるのだ。人類は昔からそれを神と呼び、あるいは仏と呼んで敬ってきた。

そう、私の言う想念法とは別の言葉で言うなら神仏の法則を知ることであり、信仰心ということなのだ。

人は自分の体験などによって、この法則を知ることができる。実相に手をのばして、その無限のエネルギーをつかむことができるのである。

背水の陣で発揮される絶大な力

この世に本当に神や仏があるなら、人類は平和で戦争や争いごとが起こるはずはない、と言う人がいる。あるいは、人間はすべて幸運な生涯を送れて、不幸な人間はいないはずだと言う人もいる。確かに地球上には争いごとが絶えずあり、不運を嘆いている人の数は多い。

だが私は、そうした人たちに敢えて言いたい。「あなたは、潜在意識において、自分自身の幸運をつくろうとしていないのだ」と。

仕事がうまくいかない。必要な資金が手に入らない。大学受験に自信がない。好きな相手がいるのだけど振り向いてくれない。こうしたことは、すべてあなた自身の心が原因をつくっているのである。

本心から運命の逆転を望むものは、もがき苦しみ、心の奥底から現状からの脱出を願う。

戦国時代、力の弱かった武将は、戦さになると兵士たちを大河のもとに引きつれて陣を組んだ。もうこれ以上一歩も引き下がれないという状況をつくって、兵士たちに平常時の何倍もの力を出させるのである。いわば死にもの狂いの戦いに追い込んだのだ。

そのもがきが、心の叫びが、土壇場（運命）からの活路を生み出すのである。〝窮鼠猫をかむ〟の喩《たとえ》にあるように、弱者はギリギリの死線に立たされると、死力を出して強者を打ち負かそうとする。

中国からきた兵法の言葉〝背水の陣〟が、そのことをよくあらわしている。大漢帝国を築きあげた劉邦の幕下に、**韓信**という武将がいた。

韓信は劉邦を助け数々の武勲をたてたが、趙の大軍二十万を打ち破った時に用いた兵略「背水の陣」が後世にまで彼の名を残す因になった。

河北省中南部に勢を誇る趙を討つべく兵をすすめた韓信は、太行山脈を越えて、河北平原を目ざした。だが、そこに出るには一筋の隘路《あいろ》を脱けるしかない。しかもその出口にあたる井径口には、趙の二十万の大軍が待ち受けていた。韓信の軍は一万そこそこである。

二十対一の戦い。結果は火を見るよりも明らかであろう。趙の軍勢は戦う前から韓信の兵を呑んでいた。

韓信の軍は隘路を出ると、綿蔓水という川と趙軍の間に陣をしいた。これは兵法の常道に反することであった。趙軍は図に乗って一気に韓信軍を攻めたてる。だが、川を背にして逃げ場のない韓信軍の兵士たちは死にもの狂いで戦って、趙の大軍を川べりでくいとめている。その時、空っぽになった趙の砦に漢の幟《のぼり》がたった。韓信が間道づたいに進めさせていた別兵二千が砦を占拠したのである。虚をつかれた趙の軍勢は浮き足だち、挾撃されて敗走した。

不利な状況になることで反撃力を倍加させる〝背水の陣〟はこうして生まれたのである。

同じことは個人にも通用する。前項の志村氏の例でも述べたように、自分をぎりぎりのところへ追いやることによって、潜在意識からパワーを引き出すのである。どうしてもやるという信念を湧き出させるのだ。火事場のクソ力を発揮させるのだ。

だが、その前に次の点を注意したい。

背水の陣に自分を追い込むことはよい。しかし、自分がその状況に押しつぶされてしまうようでは、なんにもならないのだ。精神がパニック状態になってしまっては、逆転など望めるわけがない。要は心の持ちようである。

極限状態をチャンスとしてとらえるか、とらえられずにおじ気づいてしまうかという気持ちの問題である。これはいわば人生に対する姿勢の問題でもある。〝災い転じて福となす〟あるいは〝転んでもただでは起きない〟という姿勢が、人生をプラスにする。

常日頃からこうした気持ちでいれば、逆境は自分を向上させるバネだと考えることができよう。そして、困難に対して真面目にぶつかっていく姿勢が、逆境からの脱出につながるのである。〝断じて行えば、鬼神もこれを避く〟〝至誠天に通ず〟とは、これまでに何度も述べてきた。命がけで、信念を持って突き進めば、人生には思わざる活路が開けてくる。見えざる真理が働いて、我々を助けるのである。

しかし、最初から意志の強い者は少ない。見えざる真理の力を信じている者もまた多くはない。宇宙の実相にまで想念がとどき、無限のエネルギーを手にできる者はまれである。

だが、平凡な人間もそれは可能だ。大切なことは、共通の潜在意識と実相の驚くべきエネルギーを結びつけることだ。自分の置かれた悪い条件をそのための引き金とすることである。

多くの人は困難に直面するとお祈りをする。祈ることは凡人にもできる。要は心をこめて真剣に祈ることだ。願望は必ず実現されると信じて、想念を維持し続けるのである。

この祈りは、信仰心を持つことによって何十倍も効力が違ってくる。無信心の人が、ある日神の力を信じたことによって心の平安が得られたように、信ずる心が奇跡のパワーを生む。宇宙の実相へと結びついて、現世における願望を成就させるのだ。

5 仕事も事業も必ず成功するこの秘訣

●あらゆる願望達成のための成功法則

ぎりぎりの気持ちが壁をぶち破る

よく読者から「私は商売が好転するよう毎日祈ったが、うまくいかなかった。どうしてだろうか」とか「僕は入学試験に合格するよう祈願したけど、効果がなかった」という質問を受ける。

確かに祈った本人にすれば、筆者が言うように想念をしたのに、その効果がなかったとなると、がっかりするだろうし、疑心も湧くであろう。

だが、私はそういう人たちの質問には、逆に次のことを質問してみる。

「あなたは、自分の祈りの効果を心の底から信じていたのでしょうか。祈りに信念がこもっていたでしょうか。ぎりぎりの気持ちでもがいたでしょうか」

この問いに対して、ほとんどの人が一様に口ごもって、何らかのエクスキューズを出す。

「金策に忙しく、毎日祈ってなんかいられなかった」「試験勉強で疲れていて、集中力がなかった」

このような人たちの場合、祈りが形式的であることが多い。どうしてもやりとおすという信念を持った祈願ではなく、祈りの前に効果を待つ気持ちのほうがチラついてしまっているといえる。いわば消極的な祈りにすぎないのだ。

一方、努力したが成功しなかったという人もいる。このような人の場合、その原因は次のどちらかである。自分の心の中のどこかに抵抗感や疑心を持っていたのか、それともどのような障害があろうとも、絶対突破するという信念が欠如していたのか。

また、次のようなケースもある。

本気で心から願っている人の願望が叶わないこともある。しかし、これは信念が不足したか心が平静になっていなかったためである。精神的に緊張感やあせりがあったり、平静な状態ではない時の祈りは、表層意識にある想念が、共通の潜在意識（宇宙の心）にまで降りていかないのだ。祈りは第一に心身をリラックスさせた状態で行わなければならない。第二に、精神を集中させて「無我」の境地になることが必要なの

である。

意志が弱くても目的は叶う

生まれつき意志が強く、信念が固いという人はいない。意志や信念は生きていく経験の中で鍛えられ、強固になっていく。

世の中の人の大半が凡人であり、臆病である。あるいは手さぐりで人生を歩んでいるといってもよい。しかし、そうした平凡な人たちも、人生で成功したいという願望は、当然持っている。

では、次に意志が弱いという人、自分は平凡だと思っている人たちのために、どうすれば願望が叶うかを述べてみよう。

目標（願望）は高ければ高いほどよいが、自分が最初から達成不可能だと思うようなものであってはならない。潜在意識の中で、もしかすると駄目かもしれぬ、という気持ちがあったのでは、達成は困難である。

もちろん、どんな願望も意欲を培養し、絶えず想念しながら努力することで必ず叶うのであるが、まず自分の心の中でどうしてもやるという気持ちを持たなければなら

ない。その姿勢こそが、埋もれている自分の力を内部から引き出すカギなのである。まず自分自身の潜在能力を目覚めさせなくてはならない。なぜなら、あなたの潜在能力はあなたが想像している以上に絶大なのだから……。

身近な例の一つとして受験をあげてみる。受験勉強に励む君は当然自分の実力を知っている、第一志望を東大にしているが、もちろん君の成績では無理であり、本当は私立でもよいと思っている、東大は〝できれば〟という程度の願望である。このような場合、君にとって東大はまず不可能である。実力のためばかりではなく、信念のない願望だからである。

あるいは大企業に就職した君が十年以内に重役になりたいと願う。しかし先輩は多く、同期の人間も沢山いる。おそらく自分は課長か、せいぜい部長までで出世がとまるだろうと内心は考える。こうしたケースでも願望達成は困難である。

では、どうすればよいか。

まず第一ステップを踏むことである。階段を一気に二～三段飛び上がろうとするのではなく、目の前の達成可能な第一段目を目標にすることだ。

私立大でもよいではないか。東大を出た人間だけが一流ではないのだ。まず第一歩を大学に入ることだと考え、その後にまた新たな目標をつくって、一流になることを目指せばよいのである。

企業においても同じである。

その会社での立身出世が困難で、そのことによって不満を募らせるくらいならば、たとえばいっそのこと自分で会社をつくることだ。自分の個性にあった会社を設立し、一歩一歩発展させていけばよいのである。

そうすれば出世の望みのない大企業で過ごす五〜十年の歳月よりも、自分で事業を起こし、切り開いていく五年、十年のほうがずっと意義深いものになる。

スポーツの世界にこんなエピソードがある。

重量挙げで七十キロまでは挙げられる選手が、どうしても八十キロが挙げられない。そこでコーチが八十キロを七十キロと偽って挙げさせたところ、見事彼は持ち挙げたのだ。

選手自身の〝八十キロは絶対に持ち挙げられない〟という潜在意識を破らせたのだが、これがもし、百キロか百五十キロを七十キロだと偽ったのでは、彼も持ち挙げることはできなかったであろう。十キロの差、つまり次の挑戦への第一歩を、この数字に設定したことによって、コーチの作戦は成功したのである。

目標を身近なところに設定することは、決して回避ではない。まず第一歩を達成させることで、自信が湧き、次のステップへの意欲が出る。大切なのは自信であり、意欲である。

そして次のステップへ挑戦する時のあなたの想念は、第一の時のそれよりはずっと培養され、強くなっているはずである。

今現在、信念が弱いと思う人や、人生に自信がないと思う人は、まずできる目標を持ちなさい。それを自分の意志で達成できたら、次は前のよりも若干大きな目標を持つのである。

人生の目標は決して一つではない。困難を次々と乗り越えることによって、大きな成功が得られるのだ。

これが願望達成のメカニズムだ

ここでもう一度、基本的なことを述べてみたい。

潜在意識には、個人の潜在意識と共通の潜在意識があることはすでに述べた。そして、共通の潜在意識とは人類すべての心につながっている、いわば宇宙の心ともいえるものであると説明した。

宇宙の心には、人間の潜在意識から出る感情や欲望をはじめ、あらゆるものが包含されている。それゆえに宇宙の心には善意も悪意も、この世に存在するすべての有形、無形のものが蓄積されているのだ。

だが、宇宙の心の中心には〝実相〟と呼ばれる核が存在する。それらは私たちに無限の能力や無限の富を供給してくれる幸福と平和の源泉なのだ。

私たちの想念が、この実相の世界にまでとどいた時、私たちは無限の富を、能力を、情報を得ることができるのである。

もう一度、整理して考えてみよう。

個人の境遇（あるいは運命と大げさに言ってもよいが）は、共通の潜在意識に働きかけることによって大きく変えることができる。

努力を続けながらたえず想念することで、願望もある程度まで叶ってくるのである。

しかし、共通の潜在意識は、広大無辺であり、そこではこの世に存在する善も悪もすべてのものがあるため、よこしまな想念にはよこしまな結果が生まれてくる。また、

金持ちになりたいという欲望を持ちながら、

「俺はついてないから、貧乏からは抜け出せない」

と内心で思っている人には、貧乏という不運がついてまわるのである。

宇宙の心は、このように無意識に出る想念にも反応する。

だが、〝実相の世界〟には、無限のよきもののみが存在している。この実相の世界があることに気づき、信じ、結びつけば、私たちは望むもののすべてを手に入れることができるのだ。

想念はこうして強くできる

では、実相の世界に想念を送り込み、願望を叶えるにはどうしたらよいのか。

前述の、願望が叶えられなかった人たちのように行っては当然駄目である。

どうしてもその願いを叶えたいという真剣な気持ちと、絶対に叶えられるという信念を持たなければならない。単なる意欲だけでは駄目だ。その目標（願望）を達成するための努力（行動・実践）と、絶えざる想念が必要なのだ。

想念とは祈りであり、心の中の叫びである。声に出して叫んでもよい。頭の中で念

じてもよい。要は毎日欠かさず続けることだ。一日一分でも、三十秒でもよいから念じることなのである（できれば毎日数分以上）。

しかし、最初から信念や意欲の強い人はいない。世の中の人の大半は平凡であり、凡人である。苦労もしないうちから〝自分は意志が強い〟と広言する人は、実はそれほど強くはないのだ。

目標に一歩でも近づこうという真剣な姿勢が、信念を強くする。

培養され、強められた信念にもとづく想念は宇宙の心に大きく作用する。さらに実相の世界にもとどき、実相に結びつく。

そうなると、実相からくる大なる能力とエネルギーがあなたの中に充満してくる。このようなプロセスを何回か繰り返していると、願望を成就しようという信念が一層強まり、絶対に実現できるという確信はもっと強大になる。そして、あなたの人生は目標に向かって充実し、生きがいや喜びを感じるようになるだろう。

その生きがいや努力することの喜びが、さらに強い想念を生み、実相からさらに強大な能力とエネルギーが流れてくる。

この相乗作用によって、必ずあなたの願望は叶うのである。

あなたの欲していた情報や、事業のために必要な資金が必ず手に入り、あなたを手助けする人が出現してくる。

そして、あなたの人生は幸運へとみちびかれていく！

●実力は二倍にも三倍にも伸びていく！

自分の内なる病原菌に打ち勝つ法

一般に人間は、自分に降りかかる災厄を外部からの要因によると思っている。たとえば病気がそうだ。病原菌が外部から侵入したことによって肉体が蝕まれ、精神も衰弱すると考える。

あるいは、今自分が置かれている不遇な状況は、外から押しつけられたものだと思い込んでいる。サラリーマンがよく言う〝上司が自分の力を認めてくれない〟とか〝同期のあいつさえいなければ、自分はもっと早く出世できる〟といったような考え方である。

また、このような周囲の状況が変わらない限り、自分の将来は決してよくはならないと信じてしまっている人もいる。

だが、これらの不運、あるいは悪条件を招いているのは実はあなた自身なのである。前途が暗いと思い込んで、不遇な運命を背負い込んでしまっているのも、あなた自身の心の内にその原因があるのだ。

いわばあなた自身が心の中に敵を持っているのである。

見えざる真理から見ると、外部からの災厄、病気を含めた様々な苦しみや悪条件は、すべて自分の内部からその原因が発生しているのだ。

自分の内部に災厄の種がなければ、病原菌も侵入することはできない。心の内に相応の原因があるために、自分を苦しめる様々な悪条件が襲いかかってくるのである。

こんな例がある。

一八八三年、ドイツの細菌学者コッホがコレラ菌を発見した時、当時の医学会の権威であるショーペンハウエルは、それを信じなかった。

そして、学会の多くの医学者の前で「私はコレラ菌の存在など信じない。この目に見えない小さなものが人間を殺すはずがない」と宣言して、コレラ菌の培養液をひと息に飲みほしたのである。

ところが、ショーペンハウエルはコレラにかからなかった。これは極端な例かもしれぬが、強い精神力があれば、たとえ病原菌であろうと防ぐことができるのである。心の中にその細菌を受けつける原因がなければ、病原菌も肉体の中にとどまることができないのだ。

肯定的な想念は善いものだけを引きつける

同じことは人間の運命にもいえる。不運を背負い込む人は、その人の心の中に不運を引きつける足場（暗い想念）があるからである。

自分はツイていない、自分は駄目だという暗い想念が、知らず知らずに世の中の災厄を自分の中に呼び込んでいるのだ。

反対に積極的で自信に満ちあふれた心の持ち主は、外部から善きものだけを引きつける。明るい想念の持ち主は、自分の願望を達成するために必要な善きものだけを内部に取り入れて、悪しきものは受けつけないのである。

また、今現在、その人が不遇にあるのはその人の過去の問題だけではなく、親の代に溯って原因をさがすこともできる。しかし、どのような過去があろうとも、これから善き種を蒔くことによって、明日からの運勢は好転していくはずである。完全に好転するには半年、あるいは一年かかるかもしれないが、徐々に幸運が引き込まれていくのだ。

自己の心を転換することで、周囲の状況はいくらでも変えることができる。いかに現在の環境が厳しくとも、宇宙の心に想念を刻みつけることで、運勢は好転するのである。

元巨人軍の監督であった**水原茂**氏は次のような体験を持っていた。

終戦後、ソ連軍の捕虜となった水原氏は、シベリアに抑留された。

極寒のツンドラ地帯。激しい肉体労働の毎日の中で、栄養失調になった者がバタバタと倒れていく。飢えと寒さと、いつまで続くかわからない捕虜生活。絶望と不安が誰の心の中にも満ちていた。

そんなある日、彼は次のように想念したという。

「毎日一時間、富士山のあの姿を頭に思い浮かべよう。国で待っている家族たちの顔

を思い浮かべよう」

祖国への帰還。それが捕虜たちの夢であった。彼は富士山を頭に描き、父を母を、そして妻や子の顔を心の中に描いた。

そして、絶対に生きて帰るぞと自分自身に言い聞かせた。

すると、富士山を描いている自分の頭の中に、祖国の土を踏んでいる自分の姿が浮かんだ。妻や子の顔を思い浮かべている心の中に、家族と再会している自分がありありと見えるではないか。

この強烈な願望から湧いた具体的なイメージが、彼をして極限状態の中で頑張り通させる原動力になったのだ。もう絶望的だと思った人々は、前途に希望が持てずに、大半が死んでいった。

強い願望は宇宙の心に強く作用し、その願いを実現させる。反対に絶望する者は、その生に拠りどころをなくして、自ら滅んでいく。

トラインは言う。

「もし、熊（災難）に会ったとしても、そこから目をそらせてはいけない。反対に熊の目を強く睨め。恐れず信念を持って睨めば、熊はあなたの前から去っていく」

●仕事を限りなく飛躍させる三つの想念法

資金不足を解消する方法

人は一定の限られた時間に何かを成そうという願望を持つ。たとえば四～五年以内に家を建てたいとか、結婚資金が欲しい、事業を起こすためのお金が必要だというような場合である。

こうした場合、普通の人たちはその目標を達成するためのプランをたて、それを吟味する。そして資金の不足を何とかやりくりしようと考える。しかし、余りにも不足が大きく、やりくりの計画がたたない場合は延期するか放棄してしまうことが多い。

だが、このような時にも、私は挑戦することをすすめたい。

仮に全体の七～八割の資金が不足したとする。これを補うには相当の努力がいるし、強い信念の持ち主でなければならない。

しかし、三～四割の不足であるなら、普通の人間の想念でも不可能ではない。〝絶対に手に入る〟と念じ、絶えず心の中で叫ぶことによって、資金のやりくりが可能になったり、あるいは計画を援助しようという人間が現れるはずである。真剣に念じて、もがけばもがくほど願望達成の度合は高くなる。

事業成功への三つの想念法

では、その場合の想念法とは、どのようにすればよいのかを次に述べてみる。

第一のやり方は、強く想うことである。この場合は単純に〝よし、やるぞ!!〟と声に出して叫んでもよいし、また、手帳や紙に願望を書き込み、一日に何回でも手帳をひらいて読むか、紙を壁に張っておいて何回も見ることである。

この絶えず繰り返すという行為によって、効果は強まってくる。ただし、その願望が達成されることを自身が信じていなければ想念の効果はない。諺にあるように〝画に描いた餅〟に終わってしまうのである。

第二の方法は、瞑想による方法である。

瞑想にも種々の方法があるが、頭の中に願望を図形化して描き、心の中で成就を念

じるがよい。このやり方は第一の方法よりも強い効果を発揮する。

当然、想念は宇宙の心（共通の潜在意識）に強く刻み込まれる。

しかし、この方法は信念のない人や弱い人にはあまりすすめられない。もし、信念の弱い人がこの方法で想念した場合、「できるはずはない、なぜなら現実は俺が考えている以上に厳しいのだから」という懐疑心が同時に宇宙の心に刻み込まれて、逆効果になってしまうからだ。

第三の方法が祈りである。

この方法では普通マイナスは生じない。祈る姿勢そのものがすでに神の存在（実相）を信じ、その存在に働きかけて、よき成果を得ようとしているからだ。当然、この場合も祈る人の信念の強さによって、効果は十倍、百倍と違ってくる。

三つのいずれの方法にしろ、朝晩少なくとも数分間欠かさず念じなければならない。どうしても忙しいという人は、たとえ一分ずつでもよいから、毎朝晩必ず続けることだ。

できれば毎朝晩十分ずつ念じるとよい。

同じ時間念じるとしても、その時間の使い方によって効果は異なってくる。

一日一回、三十分間を祈るならば、その三十分を五分ずつ数回に分けて祈ることがより効果的である。イスラム方式にみるように、彼らは日に五回、メッカに向かって祈りをささげる。これは、彼らが忙しい時でも時間をさいて祈りをささげるという理由のほかに、一日中絶えず神を信じ感謝しているという気持ちをあらわしている。

祈りを反復することで、心の奥に神への感謝を深めるのである。

同時に、この方法では一日中神に接触していることにもなり、祈りの効果も非常に高いものとなる。

また、自分が気に入っている本を何回も読むという方法も効果的である。また、その種の本を一冊でも多く読むことである。

このような方法によって願望は必ず達成される。だが、ここで誤解してはならないのは、願望は決してあなたが考えていたような形では実現されないということである。

願望は、あなたが理性によって予想していたコースを辿って実現されるのではない。思ってもみなかったところから、思ってもみなかった形で実現されるのである。

しかし、どのような形にしろ一つの願望を成就したならば、あなたは次のステップに移らなければならない。以前のものより一ランク高い目標を設定して、それに挑戦することだ。人生には停滞はない。あるのは前進か後退である。後退を望む人はいない。あなたも、より大きな成功に向かって、次のステップに踏み出さなければならないのだ。

より遠大な目標を持つことが想念を強くする

人生における目標は、割合に短期間に達成を目ざすものを持つと同時に、一生をかけるというような長期目標も持たなくてはならない。そしてその二つの目標に対して同時に挑戦する姿勢が必要だ。

なぜなら、二年後に車を買い十年後に家を買うといった短期間における目標は、ある程度までの情熱とはなるが、君の情熱を烈しくかりたてるものとはならないだろう。

一生をかけて念じ続けるべき人生の目標は、できるだけ若い時に持つほうがよい。何十年もの歳月をかけて、宇宙の心に想念を刻み込むことで、その大いなる願望が達成しやすくなる。

もし、君が人生のどこかで最終目標を変えたとしても、想念の効果は決して失われない。

要はそれまでの想念と同じだけの、いやそれよりもさらに強い想念を新しい目標に向けることだ。

これまで培養され続けてきた想念は、それによって一層強まり、君の人生における情熱も一段と高まるに違いない。

今現在が不遇にあると嘆く人はたくさんいる。あるいはこれまで失敗を繰り返してきたから、これからも駄目であろうと恐れている人がいる。

だが、過去の苦しみや現在の不運が、そのまま未来につながりはしない。大切なことは過去の苦しみから心を解き放つことだ。いま不運であると思い込んでいる自分の気持ちを、新しい希望に満ちた心に入れ換えることである。

自分が経験した苦しみや失敗は、これからの成長のための糧であると信じることだ。そこから新しい心が蘇生する。信念が生まれてくる。

❻ 金運をつかみ巨富が得られる!

●あなたが必要とするものは必ず手に入る！

富を得るのに罪悪感はマイナスである

「神と金は両立しない」――聖書の中に何度か出てくる言葉である。確かに直接宗教とは関係のない人間であっても、お金というものにはどこか後ろめたい、一種の罪悪感を感じさせる部分があるものだ。

しかし、私は必要正当な金を獲得することは決して悪いことではないし、また他者が批判できるものではないと思っている。ある程度の金がなければ、学問を研究したり、事業を起こすこともできない。社会に奉仕するにも金は必要である。そして何よりも、自分の家族を養っていくためにはなくてはならない。正常な社会生活を営もうとする限り、金は絶対不可欠なものなのである。

キリスト教を新解釈し、以前の堅苦しさを取り除き、分かりやすく解釈した「ニューソート」の新解釈によれば、**日常の生活に必要十分なお金を得るということは、むしろ神の意志であるといっている。**

なぜならば、神というものは、人間の生活にとって必要なものはすべて供給してくれる存在であって、金もその一つに過ぎない。すなわち生活に必要十分な金を得るということは、少しもキリスト教の精神に反していることではないのである。

ところが数多くの人々は、潜在意識の中で金持ちになることを拒否していることが多い。その一つの理由は、先に述べたような罪悪感のためであろう。あるいはキリスト教の信者ならずとも「神と金は両立しない」といった考え方が、心の底にあるのかもしれない。だが、最も大きな要因は潜在意識の中でのあきらめではないだろうか。

どうせ俺は安いサラリーしか貰っていない。会社だってこんなに小さい。結局一生かかっても巨富を得るようなことはできないんだ。そんなあきらめの気持ちが、潜在意識の中に深く根ざしているのではないか。**はじめから富を得ることを拒否していたのでは、金持ちになどなれるはずがないのである。**

では、どうしたらあなたは巨万の富を得られるようになるのだろうか。それにはまず、真理というものを悟らねばならない。

「神は、我々の生活に必要なものをすべて供給してくれる」とキリスト教では言う。だがこれはキリスト教だけではなく、あらゆる人々に通用する真理である。巨富にせよ、生活に必要なだけの額にせよ、金は必ず手に入れることができる――そんな見えざる真理を悟ることが重要なのだ。

ただし、悟るといっても単なる理性的判断では意味がない。我々の理性というものは、極めて限られた判断しかできない。理性を超えた、もっと本能的な部分で見えざる真理というものを理解しなくてはならないのである。この見えざる真理を悟り理解できれば、たとえ宗教的信念がなくとも、我々の願望は叶えられるのである。

「支出＝収入」という真理を知れ

事業に失敗して莫大な借金をつくってしまった。普通の人間であれば、「ああ、これで俺の人生も終わりか、これほどの借金を返すのは無理だ」と思うはずである。

だが、見えざる真理の法則では「支出＝収入」という原理が存在するのである。つまり借金という支出があれば、またそれだけの収入もあるはず。見えざる真理さえ理解していれば、支出に見合うだけの収入も入ってくることが分かるはずなのだ。

ところが、潜在意識にまで奥深く理解していないと、「そう簡単には行くまい」という意識が心の片隅に残り、その原理が働かなくなってしまうのである。

とりわけ心の底のどこかに恐怖心がある場合は、何をしてもダメである。「巨富など築けるはずはない」「これだけの大金を返せるはずはない」あるいは「また失敗して莫大な借金をつくってしまうのではないか」——そういう恐怖心からは何ものをも得られないのである。

恐怖心とは、これから起こり得る事態について心配する想念だ。借金の心配をしながら富を得る方法を考えても無駄なのだ。

「恐れるものはいつも実現する」という法則もまた、見えざる真理の原理として存在するのである。

ちなみに、**ジョセフ・マーフィー**もこんなことを言っている。

「恐怖は人類最大の敵である。失敗や病気や悪い人間関係の背後には恐怖がひそんでいる」

どんな悪い状況も必ず〝好転〟する

人生は起伏に富んでいる。順境もあれば逆境もある。だからたとえ見えざる真理を理解し、悟っている人間であっても借金を抱えてしまうこともある。「支出＝収入」の原理を知る人でも、金銭面のことで悩んだり焦ることがあるのだ。

しかし現実には、見えざる真理からすれば「一時的にマイナスになっても、後には必ず好転する」のである。たとえば人間は病気になったり、怪我をすると熱やウミを出して治っていく。大自然の樹木も秋の終わりには葉を落とし、春にまた若葉を芽吹くのである。

人生において、一時的なマイナスやロスはよくあることだ。そして、必ずいつか、そのマイナスやロスの分を差し引いても余り有る状況が、また戻ってくる。状況はいつか必ず〝好転〟するのである。

そして同じマイナスやロスであっても、見えざる真理を理解し、信念を強く持ち続ける人は、他の人に比べて早く解決することができる。信念が弱い人よりは、時間的に早く立ち直れるはずである。

信念の弱い人は、まず心の中の「暗さ」を排除することだ。恐怖心や心配を極力なくすように努める。そしてその上で自分の願望、この場合なら「私にはお金がぜひとも必要なのだ」と絶えず心の中で想念し、叫び続けることだ。それが、宇宙の心に刻みつけられるのである。

見えざる真理の法則による「支出＝収入」すなわち「需要＝供給」を理解し、潜在意識の中にまで深く想念することが大切だ。

たとえば「今日はブリキの皿で食事をしたが、明日は必ず銀の皿で食べてみせるぞ」と心の奥に刻み込むが良い。一日に何度か、ゆったりとした姿勢をとって「今にきっと良くなる」と唱えることである。

こうした過程を経ていくことで、自分の心、すなわち潜在意識と宇宙の心の間に願望の磁石をつくればいい。願望の磁石ができれば、願望達成のためのあらゆるものを吸いつけるのである。

『巨富を築く13の条件』（実日新書）の著者として知られるナポレオン・ヒルも、その著作の中でこんなことを言っている。

「潜在意識は肥沃な土壌にめぐまれた庭と同じだ。もし良いタネがまかれない場合は、雑草が威勢よく生い茂るといわれていることを心にとめなくてはならない」

●無限の富を得るためには何をすべきか

節約の意識は数多くの効用を生む

東海大学にU先生という老教授がいた。彼がある時、私に向かってこう言ったことがある。

「おまえは印税や原稿料がたくさん入ったから、それで金持ちになれると思ったら大間違いである。金はそんなことでたまるものではない。収入が多くなったから金持ちになれるのではなく、金をためるということは、底なしバケツや小さなバケツで井戸水を汲み、それを桶の中にコツコツとためていくようなものだ」

この老教授の言葉は、たとえば多忙で時間のない作家が、一回五分でも暇を見つけてコツコツと書きため、ついには一冊の本を書き上げる行為とよく似ている。ある一定量の金を蓄えるためには、少しずつケチをしてためていく以外に道はないのである。

時間をケチして何事かを成し遂げる行為と同じなのだ。

私は以前、「金持ちのケチ」というものがまったく理解できないでいた。金持ちのくせになぜあんなにケチなのだ、そう感じさせる金持ちが実際世の中には数多いのである。だが考えてみれば、ケチだからこそ、彼らは金持ちになったのである。

まさに「塵も積もれば山となる」の言葉通りの構図が、人生にはあるといえるだろう。もちろんそれは金に限らず、仕事の運び方や善行を施すようなケースでも同じである。少しずつ節約していく精神がなければ、何事も成し得ないのである。

ケチになることには、もう一つ効用がある。塵も積もれば山となると同時に、常に精神的な面で「俺は金をためているんだ」という意識を持つことができる。すなわち、この意識が常に宇宙の心に働きかけ、宇宙の心に刻みつけることができるのである。

宇宙の心に刻まれた信念は、やがて見えざる真理によって効果が現れてくる。ケチを貫くことには、それだけの効用があるのである。

世の中には、お金を大切なものと考えない人が意外と多い。お金を粗末に扱う者は、いつかまた金に苦しむ目に陥る——これも見えざる真理の一つの法則である。宇宙の心の反作用というものが、現れるのである。

その意味からすれば、ケチに徹しているということは、すなわち金を大切にしていることにつながる。ケチには様々な効用があるのだ。

感謝の心が人生をプラスに転化する

「感謝する心は、常に宇宙の無限の富に近づくことを忘れるな」——ジョセフ・マーフィーの言葉である。

不平不満ばかりを言っている人は、いい結果を得られない。他人の悪口ばかりを言っている人も同じである。なぜなら、そういう行動をとることで、知らず知らずのうちに宇宙の心に悪い種を蒔いてしまっているからだ。悪い種からは、悪い結果しか生まれて来ないのである。

同じように、「俺は金がない」といつも不満を漏らしている人間には、貧乏運しか回って来ない。単に思ったり、人に喋るだけでも同じだ。金がないと思うたびに、宇宙の心に悪い種を蒔いているのである。

反対に、**いつも感謝の気持ちを持って生きていれば、宇宙の心にいい結果を刻み込むことになる。あらゆるモノに対して感謝の気持ちを抱き、そしてその気持ちを何ら**

宇宙の心にいい種を蒔くことになるのである。宇宙の心に蒔いた種は、必ず将来いい結果となって現れてくることは言うまでもない。

では「感謝する」とはどういうことなのか。

「俺は別に感謝することなど何もない」と思う人も多いだろう。しかしよく考えてみれば我々の生活の中には、感謝することはいくらでもある。たとえば、日本人に生まれて来たこと自体、実は非常に恵まれたことなのである。日本は他のどんな国と比べても、これほど自由で豊かな国はない。

あるいは、自分を取り巻く様々な人間に対して感謝してもいい。たとえひどい仕打ちを受けたとしても、その人間を憎むのではなく、彼の一見悪い行為がかえって自分を成長させることに感謝する。感謝の気持ちには〝プラス思考〟が重要なのだ。人を憎むよりも、感謝の念を抱いて暮らすほうが、その人の人生にとっても、プラスになるはずである。

蓄えを上手に手放す法も身につけよ

よく貧乏な時ほど、献金をしたり施《ほどこし》を行うことが大切だといわれる。これは、貧乏な時こそ宇宙の心にいい種を蒔く必要があるからだ。

献金といっても様々である。金がないのに寄付などしたら、こっちが餓死してしまうではないか。そう思う人もいるだろう。しかしたとえば、街頭募金の箱の中に十円玉を一つ入れることなら誰だってできる。日本では十円かもしれないが、発展途上の国へ行けば、貨幣価値の違いで十倍の価値を持つことになる。

もし金や物で感謝の気持ちが表現できないのであれば、行動で示してもよい。たとえば、人に親切にしてあげたり、相手の心を救ってやろうと考えることでも構わない。要は、感謝するその気持ちが大切なのだ。

こうした感謝の念を表現する方法は、各種の宗教にも息づいている。たとえば仏教では〝布施〟、キリスト教では〝チャリティー〟、イスラムの世界では〝サガート（喜捨）〟と呼ばれ、古くからの習慣にさえなっている。

とりわけイスラム教では、献金に対する意識が定着していて、収入の十分の一とか四分の一を、人のために使うことが宗教上の義務にさえなっている。イランの商人などは、儲けのうちの20％をサガートするといわれているぐらいである。

金は単に蓄えてためておくだけではいけない。富を呼び込むテクニックを知ると同

時に、それを上手に手放す方法も身につけなくてはならないのである。自然の節理でも、樹木の多くは冬を前に葉を落とし、翌年また新しい芽を出す。

「持ち腐れ」という言葉があるように、常に回転させ循環していくことが、金には大切である。水でさえ一ヵ所にとどめておけば腐る。金も正しい方向に流れていかなければ、腐ってしまうのである。

●『巨富を築く13の条件』とは何か！

強烈な「願望」と「信念」が必要条件

先にも紹介したが、**ナポレオン・ヒル**の**『巨富を築く13の条件』**は、様々な意味で本章のテーマと合い、参考になる文献である。そこで、この書の内容をここで簡単に紹介しておく。

この『巨富を築く13の条件』は、一九六三年にアメリカで上梓されたもの。チャンスの国・アメリカにふさわしい書として、すでに五百万部以上の売上げをあげた大ベストセラーである。アンドリュー・カーネギーとの出会いによって、彼に大きな影響を受けた著者ナポレオン・ヒルが、五十年という歳月をかけて金づくり、チャンスづくりの秘訣をこの一冊にまとめた。

この書の要点は、まず二つの大きな原則から成立している。第一は「願望」である。金持ちになりたい、巨富を得たいとする「燃ゆるがごとき願望」が不可欠なのだ。喜劇の王様・チャップリンが「人生なんて意義はない。あるのは欲望だけだ」といっているが、この欲望が実は重要なのである。ちなみにヒルは、富への六つの段階として次のようなアプローチを描いている。簡潔に紹介しておく。

第一段階——あなたの欲しい金額を明確に心に刻み込む。
第二段階——欲する金を得るために、どんなことをするのか、それを明確にする。
第三段階——その金をいつまでに獲得するのか、その期日を確定させること。
第四段階——欲望を実現する明確なプランをつくり、すぐに実行に移すこと。
第五段階——自分のプランを詳細明確に書き出すこと。
第六段階——書いた計画書を日に二回は音読すること。

この六つの段階を経て大富豪になったのが、カーネギーというわけだ。やはり最初は〝欲望〟が必要なのである。欲望のないところには、何の発展性もあり得ない。

願望、すなわち欲望と同時に必要なのが、「信念」だとヒルは言う。必ずお金持ちになるんだという信念がなければ、何事をも成し得ない。ヒルは、信念を強くする方法として次のようなことを述べている。

「あなたの潜在意識に、繰り返しこうするのだと命令し確認してゆくことが、信念の感情を自発的に発展させる唯一の方法なのである」

さらにヒルは、こうした信念をさらに強めていくためには、潜在意識にまで深く届くような「自己暗示」が必要だと言っている。見えざる真理の法則から言えば、宇宙の心に刻み込む行為と同じである。

「決断」と「根性」が成功をさらに早める

欲望と信念、この二つの必要条件が揃ったところで、この書は五つの具体的な行動について説明している。すなわち――

①特殊知識の活用――目標を達成するには、それを実行するための知識が必要。

②創造心――個性的で他の人がやらないことを考え出す創造的精神が重要。

③組織だった計画――ある程度の綿密な計画が必要。

④協力者――人間が一人でできることは限られている。そのためには良き協力者を探し出すことが大切。

⑤愛情――できるだけ多くの人を愛する。

以上五つの基本的な事項を実行すれば、願望は必ず叶うとヒルは言っている。なお、この書では五つの基本的事項の他に、応用編として「決断」と「根性」も大きく取り上げている。ヒルはこう述べている。

「お金をもうけることができない人は、例外なく決断に到達するのが非常に遅く、また決心を変える時は非常に早く、しかもひんぱんに変える」

決断の下し方によって、人生は大きく変わることがある。ただ優柔不断な人生からは、何も生まれない。目標を見失い、彷徨するだけの人生になってしまう。

ねばりや根性も、欲望を達成するには不可欠である。どんなに素晴らしい欲望を持ち、信念を持っても、最後のところでねばりや根性に欠けたのでは実現は不可能だ。

ちなみに本書では、ねばり・根性を養う法として次の四つの方法を挙げている。

①明確具体的な目的を持ち、その達成に燃ゆるがごとき欲望をいだくこと。
②はっきりした具体的な計画を持ち、それを絶えず実行にうつしていくこと。
③消極的で意気消沈させるような事柄にたいしては、固く心をとざして顧みないこと。この中には親戚知人などの、否定的な忠告もふくまれる。
④計画や目標を遂行するのに、それをはげましてくれる人たちと友好的な盟友関係を持つこと。

常に「飛躍」を信じて最後の一瞬に賭けよ

前節のねばりや根性でも触れたが、人生というものは、しばしば最後のどたん場で決着がつくことがよくある。人生に限らず仕事や試合でもそうだ。

人生にせよ、自分の仕事にせよ、途中であきらめてしまう、あるいは放棄してしまうことは最も悪いことである。たとえば今の自分の仕事に対して不平不満を抱いている人は多いはずだ。しかしだからといって、今の仕事に全力をそそがないのはダメである。

たとえどんな不満があったとしても、自分の責任はきちんと果たすことが重要なの

である。それが次のチャンスをつかむ条件といえる。つまり、その場その場において自分の責任を果たしていくことが重要なのだ。

現在の仕事に満足はしていなくとも、その仕事には忠実につかえる。そして同時に、「今よりもっとよくなって見せる」と絶えず想念するのである。すると必ず、次のチャンスが与えられる。

ひょっとしたらそのチャンスも希望通りではないかもしれない。しかしここでも、その与えられた任務には忠実になるべきである。そうすればまた次の新しいチャンスが与えられるはずだ。

このように人生はいつも、ステップ・バイ・ステップ、一歩一歩確実に登っていくものである。ただ、よく想念し努力する人間には、しばしば「飛躍」が与えられるのである。

もちろん、ただ想念するのではなく「あくまでもやり遂げる」という確固たる心構えがその根底になければいけない。

「お金持ちになりたい」という信念に基づく行為も、これとまったく同じである。最後の最後まであきらめない精神力、意志の力が不可欠だ。

聖書のマルコ伝でも「終わりまで耐え忍ぶ者は救わるべし」と言っている。途中であきらめてしまうということは、要は最後まで可能性を信じ続けることができなかったことを意味する。見えざる真理による「飛躍」を信じることができれば、最後まで可能性を抱き続けられるはずだ。

持てる者はより多く持てるようになる

聖書のルカ伝の中にこんな言葉がある。

「持っている人にはなお与えられ、持っていない人からは、持っているものまで取り上げられるだろう」

これも見えざる真理の一つでもある。つまり持たざる者というのは、貧困の潜在意識を持っており、そういう人間はいつまでたっても金持ちにはなれないのである。それを防ぐには、心の持ち方そのものを富の方向へ持っていくことが大切なのだ。

マーフィーも「富める者はますます富む」と述べているが、要するに金というものはある段階までいくと、急に膨張の速度が早まっていくものなのだ。投資ということを考えても分かるが、ある程度のまとまった資金があれば、ますます大きな投資ができるのである。

しかも資金の回転率もぐんと良くなる。すなわち、〝飛躍〟というものが出てくるのである。

はじめのうちは歩みが遅くとも、焦ることはない。

金持ちになるんだという信念さえしっかりしていれば、必ずいつかはめどが立ち、そして将来、加速度的に願望は達せられていくはずである。

❼ あなたに幸運を引きよせるこの方法

●勇気ある行動が成功へのきっかけとなる

想念の力が人と人を結びつける

私の『願望をゼッタイかなえる信念の魔術』を読んだという方たちから、手紙や電話をよくいただく。そのほとんどが〝本を読んで励まされた〟あるいは〝一度お会いしてお話をうかがいたい〟というものだが、多忙のためほとんどの人にお会いできず、心苦しく思っている。

しかし、九州や北海道にいる読者が私に会いたいといって、地元で面会できた例もある。

一例であるが佐賀県で銀行に勤めておられる杉本さんという人が、一九八三年春所用で上京され、わざわざ我が家まで訪ねてくれた。あいにく私は留守であったが、家内の話では大へん熱心な人で「お会いできないならせめて声だけでも聞きたい」とまで言われたそうだ。

それから三ヵ月後、私は講演のため九州へ出かけることになり、杉本さんに手紙を出した。

杉本さんは唐津市の講演会場へ来てくれて、講演が終わった後、親しくお話することができた。

また、札幌に住む芳賀さんという方から、お電話をいただいたことがある。大学の研究室から出ようとしていた瞬間であった。

ちょうどその二日後に私は北海道へ講演に行くことになっていた。

数日後、私は札幌で芳賀さんとお会いした。芳賀さんは私に何通か手紙をくれていた人だったが、お会いしたのはもちろんはじめてである。〝手紙では無理だと思って、思いきって電話をした〟とのことだった。

杉本さんと芳賀さんの例は、九州と北海道という極端な例だが、このように遠く離れていても、非常に熱心に私に会いたいと言われる方は、まもなく忙しい私に面会することに成功している。

以上は私の例であるが、**人生における人間同士の邂逅には、時に〝思いきって〟行**

動に出ることも大切である。それが新しい運命を開くことや、現状からの脱出につながることもあるからだ。

純粋な情熱と信念が他人をも動かす

次に歴史的な実例をあげてみよう。

十九世紀イギリスの代表的な物理学者の一人であり、〝ファラデーの法則〟で知られるM・ファラデーは、鍛治工の子としてロンドン郊外に生まれた。

家が貧しかった彼は、十三歳の時から製本屋の小僧として働いていたが、生来の学問好きであった。

その頃、毎週一回、英国王立科学アカデミーのH・ディヴィー会長による無料の講演が行われており、科学者を志しはじめたファラデーは、欠かさず出席して一番前の席で熱心にノートをとっていた。

そうしたある日、ファラデーは思いきってディヴィー会長に手紙を書いた。その手紙には、彼がこれまでにとったノートが一緒に添えられてあり、文面は〝自分を助手に雇ってほしい〟というものであった。

ディヴィー会長はこれを受け取ると、そのノートの克明さに驚き、講義の時いつも前の席で熱心に聴いている青年のことを思い出した。

一週間後、ファラデーはディヴィー会長から〝助手に採用する〟という返事をもらった。一八一三年、ファラデーが二十二歳の時である。

こうしてディヴィー会長の助手になった彼は、王立科学研究所で大いに業績をあげ、一八三三年に同研究所の教授となる。

そして、電気分解に関する法則（ファラデーの法則）などによって、電磁気学の分野で名を成し、後のマクスウェルと並んで世界的に有名な物理学者となった。

人生には時には勇気が必要だ。だが、その勇気は信念と実力に裏うちされたものが望ましい。

信念と実力の伴わない行動は暴挙になることもある。

また、いかに信念と実力を伴った行動であろうとも、私利私欲のためのものであっては、宇宙の心にかえってマイナスのイメージを刻みつけることになる。

希望を捨てず、ついに栄光を手に入れた女性たち

情熱と信念、そして勇敢な行動によって成功した例をもう一つあげてみよう。

ブロードウェイ――アメリカで成功を志す者にとって、それは宝の山の別名であり、幸運への輝かしいゲートである。このグレート・ホワイト・ウェイを目指して、世界中の人々がやって来る。だが、幸運のゲートをくぐり、成功への道を歩き出す人は、いつもほんのひと握りにすぎないのだ。

ファニィー・ハーストは作家になろうとして、一九一五年、ニューヨークにやって来た。四ヵ月間、彼女はニューヨークの裏町を取材し、その体験を作品にした。昼は働き、夜はペンをとるという生活である。

だが作品は売れない。どの出版社も彼女の作品を認めようとはしないのだ。そんな生活が一年、二年と続いた。

しかし、彼女はくじけなかった。心の中から希望の灯が消えそうになると、彼女は叫んだ。

「ブロードウェイよ、お前は絶対に私を追い出すことはできない。ほかの人たちは追い出せても、私だけは絶対にお前に勝つ！」

四年後、彼女の信念が勝利した。サタデイ・イヴニング・ポスト紙が作品を認めたのだ。同紙は実に三十六回も彼女の作品を拒否し続けたのだが、三十七回目についに認めたのである。

その後彼女の作品は次々にヒットし、今度は出版社のほうから彼女の家の門をたたいてきた。作品が映画化され、ブロードウェイで上演された。彼女はグレート・ホワイト・ウェイを制したのである。

ファニィー・ハーストの成功譚は、同じような夢を持つ人たちにとって、大きな励ましになった。歌手の**ケート・スミス**もその一人である。

彼女はブロード・ウェイの片隅で数年間も歌い続けていた。マイクすらない店で、しかもギャラももらえないのだ。

だが、彼女はファニィー・ハーストの成功の話を知って、〝自分もいつか〟の夢を大きく燃やし続けた。

そして神に祈った。「私にもこの幸運を分かちたまえ」と。

やがて、ケート・スミスにも栄光の日が訪れる。歌手としての実力が認められ、スポットライトを浴びるようになったのである。

ハーストに、そしてスミスに共通するものは何であったか。
それは、絶対に成功してみせるという信念であり、どんな苦境にあってもくじけない勇気である。そして、彼女らの実力が成功を裏づけていたのだ。

●会いたい人を引きよせる法

待ちの姿勢で成功を得る法

今まであげた例は、敢えて突き進んだことによって、成功を勝ちえた例である。だが人生における成功は、突き進むことによってのみ得られるのではない。いや、それがかえって誤った道に進むこともしばしばあるのだ。自ら打って出ずに、待つことによって（布陣することによって）成功を得ることも多いのである。

人生にはいろいろな状況があり、それを乗り切る方法もまた様々である。その人自身の持つ能力と性格の問題もある。時には思いきって打って出なければならない状況もあるが、陣をしいて待ち、そこに幸運を呼び込む場合もある。

トラインはこう語る。

「小人物は常に結果を求めてあくせくしている。大人物はそんなことはしない。小人物は自己を世界に認めさせようとして、彼方此方を彷徨するが、大人物はじっと家にいながら世界を自己に引きよせるのである」

この場合の「待つ」というのは、漠然と待つということではない。寝ながら果報を待つという意味ではないのである。己れの実力を養いながら、やるべきことはキチンとやり、心の中で幸運を引き入れることを念じるのだ。

たえず想念をしながら、その願望達成に必要な手を打ち、その上で待つということなのである。

実力を練って幸運を呼び込め

一九七三年頃、私は体調をひどくこわし、身体が痩せ細って衰弱してしまっていた。若い時から丈夫ではなく、高校生の頃はわずか三十数キロという体重であった私は、自分の健康に関していつも危惧を抱いていたのだ。

ひどい下痢に悩まされていた私は、宗教的信念によってこの状態から逃れようと考えた。法華経やキリスト教の本を読み始めたのはこの頃からである。宗教書を読んで見えざる真理を知った私は、まもなく「宗教について書きたい、講義したい」という意欲を持つようになった。しかし、私は〝出る〟より〝待つ〟べきだと考え、チャンスの到来を待っていた。

そんな時、同僚である相模工大の佐伯教授を通じて、雑誌「アショカ」から執筆の依頼があった。この本は仏教関連の雑誌だったが、原稿の依頼は科学文明への批判というものである。私は仏教論と科学文明批判をからめた原稿を書きあげた。

ところが、「アショカ」を読んだという人から思いがけない話が舞い込んできた。中西一郎氏（当時参議院議員）から人生論と宗教に関する講演をしてくれないか、という依頼なのである。私は快く引きうけ、その後も同氏からたびたび講演の依頼があった。

また、一九七五年、宗教雑誌「大法輪」が私の講演を掲載したいと申し込んできた。これがきっかけになって、庭野日敬氏の知遇を得、同氏と対談することになった。この対談が『佼成』に掲載され、私は立正佼成会からの講演依頼を数多く受けるようになったのである。

宗教的な信念を持つようになってから数年の間に、私は自分の内部にある信念を、現実の宗教団体との関わりに結びつけることができた。これは私自身が望んでこちらから出かけていったものではない。一見偶然につかんだチャンスのように見えるが、私の潜在意識の中に宗教と関わることを望むものがあったからである。

しかし、私はただ一度のチャンスによって、これらの機会を得たのではない。様々な場所で講演をし、いろいろな雑誌に原稿を書き続けて、その中のいくつかが結果として実ったのだ。

たった一回努力することで、自分の願望が叶うはずがない。

また、たった一度失敗したからといって、その願望のすべてを放棄することはないのである。

あなたの心がすべてを引きよせる

もう一つの例を述べておこう。

一九七〇年代なかばから、私は「人生論の本を書きたい」と強く願うようになった。

しかし、この場合もチャンスを待った。

そのチャンスはやがて到来した。一九七八年、アインシュタインの生誕百年にちなんで、雑誌「プレイボーイ」が特集を組んだ。そして、同誌の記者が科学史研究者としての私に取材に来たのである。

私はアインシュタインについての取材に答えるとともに、これを機会に同誌に強引に私の願望達成の想念法を売り込んだ。

その結果、私の原稿は「願望は必ず達成される」というタイトルで、同誌に掲載されたのである。

私の想念法は、同誌によって日本中に紹介され、ヤングの間に共感を呼んだ。その後、幾つかの出版社から、次々と想念法に関する原稿依頼があり、ついに私の想念法と人生論が本となって出版された。

そして私の人生論の書物はベストセラーに近づき、少なくとも確実なロングセラーになったのである。


「何か実現したい」

と思う時は、その情熱を保持せよ、そして「この願望を必ず実現する」という信念

を培養せよ。

そうすれば、人を引きつける。チャンスを呼びよせる。会いたいと思う人が、得ようと思う機会が、待っていてもむこうからやって来るのである。

たとえ強い信念を持たなくても、熱意を高めることでそれは叶う。

心の中で会いたいと叫び、得ようと念じ続けることだ。

その叫びが、熱意が、情熱が人を引きよせる。たとえどこにその人がいようと、遠く離れていようと、地球の裏側にその人がいたとしても、それは可能なのである。

「すべてのものは、それを迎える準備が整った時には、すぐに自分のものとなるのである」トラインのこの言葉が、筆者がここで言おうとしているすべてを語ってくれている。

●あなたを支えてくれる人に出会う法

出るべきか待つべきかは潜在意識が決める

第五章でも述べたが、自分を支援してくれる人、あるいは自分に必要なものを得る方法もまた、意欲と信念にほかならない。

信念の弱い人は、まず意欲を培養することだ。

意欲を高めて第一の目標を達成せよ。

そしてその目標を達成させたという体験と自信が信念を生む。

大切なことは失敗を恐れぬことである。若い人は体験がないことによって尻ごみをする。年をとった人は逆に経験したあまりに次の失敗を恐れる。こうした人たちには成功は訪れない。何度失敗してもよい、そのうちに必ずうまくいくという確固たる気持ちを持つことだ。

ある人に会いたいと願う。あるいは会わなければならないとしよう。その場合、どうしてもと念ずるその気持ちの度合によって、その願望の叶い方は異なる。熱望し、真剣に念じ、その願いを絶対に実現させるぞ、と考えられる境地にまで達したならば、その願望が叶うのはもはや時間の問題だ。その人の願いは、必ず実現するはずである。

もし、自己の信念をそこまで強めることができたなら、今、自分から行くべきか、あるいは忍耐強く待つべき時なのかが自然と分かってくる。共通の潜在意識がＧＯまたはＳＴＯＰの適正な判断をするようになるからだ。

つまり、個人の心が共通の潜在意識（宇宙の心）に働きかけ、そこから最も正しい信号が送り返されてくるからである。これは信仰心を持つことによって、その能力をさらに高めることができる。なぜなら、宗教的に言うなら、神は全知全能であるからである。

一方において、自分の魅力を増大させることも、望む人に会うためのよい方法である。実力をつけ、他人より優れている能力を伸ばし、その上で一生懸命に願うなら、自分のために役立つ人物はむこうからやって来るようになるだろう。人間としての魅力が他人を引きつけるのだ。

寛容な心が相手を引きつける

次に、いよいよ相手と会う場合である。

筆者自身のことを例にとってみよう。私は前述したように、痩せていて風采があがらない。服装にもそれほど気を遣わないから、初対面の人にはあまり好印象を与えないかもしれない。しかし私には、実力と誠意があれば、必ず相手に通じるという信念がある。

たとえ貧弱でも風采があがらなくても、人間は外見ではない。それは一種のハンデではあるかもしれないが、価値観とは何の関係もないのだ。

男性の場合、化粧などしていないから、顔はその人の性格がそのまま現れる。目にはその人の心がうつる。言葉を交わすことによって自然と人格が分かる。

人によっては、他人に会う時にはマナーを重んじるべきだという者もいる。名刺の出し方、紹介の仕方、され方といったマナーを几帳面に守ろうとする人もいる。確かにマナーやエチケットは大切なことではあるが、私は二義的なものでしかないと思う。**要は本当の自分を相手に知ってもらえばよいのである。**

また、他人のために尽くすことや、他人に援助の手をさしのべることによっても、自己の人間としての魅力が増してくる。

だが、人に尽くしたり助けたりすることで、自分が報酬を得ようという気持ちがあるならば逆効果になる。あるいは本当の自分の気持ちを偽って行ったとしても同じことだ。仏教に陰徳という言葉があるように、人に知られずに善行を施すことによってのみ、その人の人間的魅力が増してくるのである。

他人を愛したり、許したりする気持ちも同じである。他人に対し寛容になれる広い心の持ち主は、それだけで人を引きつけるものだ。

実相は邪悪な人をあなたから遠ざける

以前の著述で、私は宇宙の実相（神）とは全知全能、普遍であり、人間に対する絶対なる愛と善の存在であると説いた。

愛は神の御心に叶う人間の感情である。だが、人間の愛は、時には本能だけに身を焦がした不幸な恋を生じる場合がある。

ある日、私は一人の女性から相談を受けた。『信念の魔術』を読んで、どうしても相談したいというのである。その女性の話というのはこうだった。

彼女は夫との間にすでに二人の子どもがいるが、最近年下の男性を好きになり、どうしても彼を自分のほうに引きつけたいので、そのための祈り方を教えてくれというのである。

私はこの話を聞いて、彼女に言った。

「信念を持って祈れば、必ず実現させることができますが、それは常に正しいものに対してであり、人間を不幸にさせる願望に対しては叶えることができません。あなたの場合、それによってあなた自身は一時的に幸せになれるかもしれませんが、お子さんやご主人が不幸になります。また、そんな形で結ばれたなら、相手の男性も決して幸福になれないし、なによりもあなた自身が不幸な目にあうでしょう。**全知全能の神は将来をも見通しているのです。神は人間にとって不幸な願望は聞いてくださらないのです**」

また、こんな相談を受けたこともある。

あまり評判のよくない女性に恋をした男性からである。この男性は、世間で悪く言われているその女性との恋を成就させようと祈ったのである。

だが、この祈りも神は決して叶えさせない。

もし、どうしてもそういう相手と結ばれたいのなら、それは神に対して祈るのではなく、特殊霊に対して祈るべきである。第一、信仰心が高まれば高まるほど、神は不幸をもたらす人を、その人に近づけさせないからである。

正しい想念があなたにふさわしい異性を選択する

では、善き相手を見つけ、結ばれるにはどうすればよいのか。

これも他の幸運をつかまえる場合とまったく同じである。あなたの想念の強さにかかってくる。信仰心の強い人は信仰心によって、そうでない人は熱意を込めて祈ることによって、自分の望む、そして神の認める素晴らしい相手と出会い、結ばれるのである。

しかし、自身の気持ちの中に「自分はこれまで何度も失恋しているからだめだろう」とか「相手の家柄とは釣合がとれないから、結婚は無理だ」といった恐れや疑心があるならば、その恋は成就しにくい。

もし、その恋が初歩の段階にある時、つまり相手のことを好きになりつつあるという時ならば、祈りによって、さらにある程度調べて相手の性格その他を知ることがで

きる。果たして、その異性が自分に相応しいかどうかは、神が教えてくれるし、自分で判断できる場合もある。

さらに恋愛感情がすすんで引き返すことができない場合は、想念は第一の決め手にはならない。いや、念ずることは必要だが、それ以上に積極的な行動と相手に対する誠意が決め手になる。もしライバルがいたとするならば、なおさらに積極的に出なければ、恋人をライバルに奪われてしまうことになりかねない。

女性が男性を選ぶ場合、外見や能力、家柄なども基準の一つにはなるかもしれないが、何よりも自分に対する愛情の深さを一番大事にする。つまり、誠意や献身、そして積極的な行動といったことが、女性の心を深くとらえるのである。

それでは恋が成就した後は何が一番大切であろうか。〝結婚は人生の墓場〟という言葉があるが、もし二人が結婚できたということだけで満足してしまい、その後の人生に何の目標も持たなかったならば、まさにその結婚は〝人生の墓場〟になってしまうだろう。

結婚とは、一人では支えきれなかった人生の目標を、二人が力を合わせて成就させることである。人生にはたびたび試練がやって来る。だが、その試練を二人で協力し

て乗りきるたびに、二人は一体感を覚え、ますます人生が充実してくるはずである。

最大のＰＲ効果を持つ「宇宙の新聞」

人生経験をある程度持つ人なら、すでに気づいているかもしれないが、人生とは偶然によって決定される部分が非常に多い。偶然の出会い、偶然やってくる仕事のチャンス。様々な偶然が自分の人生を支配しているように見える。

また、自分の人生が思ってもみなかった方向へと転換していく場合がある。あるいは、すべてのことが予想外の結果になって、喜んだり、あるいは逆に悩んでしまうこともしばしばある。

これらの偶然はすべて運命であろうか。

否、**この世の中に偶然は存在していない。**我々がすべて偶然と思い込んでいるものは、**実は見えざる真理によって動かされている必然なのである。**思わざる人との出会いや、思いがけないチャンスというのは、すべて必然的な因果法則によって我々の前に現れているのだ。

宇宙の心には、あらゆる因果関係が存在する。求めているあらゆる情報があり、出会いたいと願うあらゆる人とのコミュニケーションの方法が包含されている。

偶然とはその宇宙の心の中に、あなたの潜在意識が働きかけたことによって生じた、必然的な事実なのである。

トラインの言葉を引用してみよう。

「適当な時に、適当な経路をとって、適当な状態と適当な仕事とが、あなたにやってくるように、あなたの想念を使者としてつかわすことがよいのである。そしてこの想念を固く保って、決して弱めることなく固執せよ、そして常に固き信念を持って、この想念を培養せよ」

「このようにしてあなたは、有限の発行部数しかない物質の新聞に広告するのではなく、地球上最大の反響を有するのみならず、宇宙それ自体に広がる心霊の新聞に広告することになるのである」

前者についてはよく分かるであろう。後者の意味はこういうことだ。

あなたは宇宙の心に向けて広告（想念）を出すことができるのだ。自分に必要な情報や物質、あるいは援助してくれる人を求める募集広告を出すことができるのである。

この宇宙の心に対して出した新聞は無限の発行部数を持つだけではなく、地球上のあらゆる場所にとどけられ、そのPR効果は無限のものである。

では、どうすればこの広告を心霊の新聞に載せることができるのか。

それには、これまで何度も繰り返したように、一日に幾度もその広告内容を叫ぶことだ。声に出さなくてもよい。瞑想や祈り、または書くことなどによって、その広告内容は宇宙の心、さらに実相にとどけられる。

だが想念が弱くては駄目である。培養された強い信念から発せられる想念のみが、宇宙の心と実相に大きく作用するのだ。そして、このPR効果は、想念の強さに比例する。三行広告の想念しか持たない者には、それだけの効果を、全面広告の想念の強さを持つ者には、その効果を発揮するのだ。

宇宙の新聞には広告料は不要である。その代わりに、不断の強い想念と不断の努力が要求される。

⑧ 運命を自由に操るのはあなただ！

●あなたを束縛するものは存在しない！

人間の心には遺伝をも打破する力がある

マーフィーの著書に『人生は思うように変えられる』というのがある。その中の一節に、マーフィー自身が関わったエピソードとして、興味深い話が掲載されている。簡単に紹介しておこう。

二十年間以上も、自分はガンに冒されるのではないかと心配し続けてきた男がいた。自分の父も兄弟もガンにかかって死んだという事実が、彼のガンに対する恐怖心を増幅させていたのである。

現代の医学でも明らかにはされていないが、〝ガン体質〟というものは遺伝するのではないかと言われている。「家族と同じように、自分もガンで死ぬのではないか」と彼が思うのも、不思議ではなかった。

そしてついに、彼は恐れていた通りにガンに冒されてしまう。彼は神に祈った。

「神よ、もしあなたに私を治す気があるのなら、このガンを治してください」

だが、彼はマーフィーと出会うことで自らの運命を変える。マーフィーは彼の「祈り」が間違った既成概念に基づいて行われていることを指摘したのである。

彼の祈りは、神は全能であるから、その子すなわち人間を罰しようとする時のみ病気にするという考えから出発していた。言い換えれば、その裏には「もし神が私を罰するつもりでガンにしたのなら、私のガンは治らない」という潜在意識が存在することになってしまう。

マーフィーはその考えの誤りを指摘し、こう言った。

「神というのは、私たちの心のうちにあってすべてをいやす力を持っていて、私たちは心の持ち方でその神の力をいくらでも活用できるのだ」

この言葉を聞き、ガンに冒されていた彼は、前途に光明を見い出し、喜びで人生を見るようになった。彼の心が変わると奇跡が起こった。ガンはどんどん軽くなっていったのである。

彼は人間の心の中にすべてをいやす力、すなわちオールマイティの力が存在してい

ることを知り、祈ったのである。それが潜在意識に自然と伝わり、ついにはガンの病巣をも撲滅させることに成功したのだ。遺伝という偉大な力に勝ったのである。

元来、キリスト教でいうところの〝神〟と、仏教における〝実相〟とは相通ずるものがある。とりわけ、キリスト教のニューソートの人々達が唱える〝神〟は、仏教の実相に極めて近いものとなっているのである。

仏教の根本思想というものは、実相には常にオールマイティの力が入っていて、実相を知るものはすべて全能の力を活用できるという考えである。

これに対して、キリスト教は一人の神がオールマイティの力を持っているという思想に基づいている。

ところが、ニューソートの思想的基礎を築いたエマソンは「オールマイティの力はあらゆる人間の心の中に存在している」というインド思想の洗練を受け、これをキリスト教にも導入した。こうしてニューソートの考え方は、仏教と類似するようになり、オールマイティの力を誰もが持っているという思想になったのである。

ちなみにインド思想は「自燈明」「法燈明」といった言葉によって表現され、「真理は世の中の至るところにあり、また自分の心の中にも存在する」という思想である。

占いが人生を決定することはない

シェイクスピアの「ジュリアス・シーザー」の中にこんな言葉がある。

「親愛なるブルータスよ。その過ちは我々が悪い星の下に生まれたからではない。過ちは我々自身の内にあるのだ」

占いは、昔も今も多くの人々の心をとらえる不思議な存在である。自分がどんな星の下に生まれたのか、その結果によって一喜一憂する姿が、現代のような科学万能の社会でもいたるところで見られる。

事実、私のところにも読者から「いくら信念を持って自らの道を切り開けと言われても、自分は悪い星の下に生まれたと占い師に言われた。どうあがいても私の運勢は切り開かれないのでは……」といった内容の手紙が舞い込む。

しかしたとえ同じ年の同月、同日、同時刻に生まれた人であっても、その人々が辿る運命は大きく異なるのが常である。**自分が悪い星の下に生まれたために、運勢が悪くなっているという潜在意識をまず排除することが必要なのだ。**

非常に優れた占い師であれば、その人間の運命の方向性というものをある程度は言い当てることができるかもしれない。しかし占いはどんなに当たる確率が高いといっても、普通現代医学には及ばない。その現代医学でさえも完璧からほど遠い。占いはそれよりも確率が低いと見るのが妥当だろう。

占いを、生きる上での一つの目安とすることは構わない。しかしそれに縛られ、潜在意識が占いに支配されてはいけない。人間にとって悪い星や占いというものは、決して決定的な要因ではないのである。

シェイクスピアの言葉にあるように、まさに過ちは自分自身の内にのみあるのだ。

「本物の自分」は永遠に自由であり続ける

遺伝や現代科学にも、我々を縛る力はない。もちろん悪い星や占いといったものにも、我々は縛られない。では、様々な境遇によってすでに縛られている場合はどうだろう。

ロシアの文豪・**トルストイ**の名を知らぬ者はいないと思う。だが彼が、キリスト教の教会宗教に反対して「基督教学批判」を書き、教会から破門されながらも「原始キリスト教に帰れ」と叫び続けたことを知る者は少ないかもしれない。そのトルストイがこんなことを言っている。

「鉄は石より固い。石は木より、木は水より、しかして水は空気より固い。しかしながら、触れることのできないものが、何よりも一番固いのである。これのみが過去、現在、未来を通じて厳存し、永遠に滅することが無いのである。ではそれは一体何であるか？　すなわち人間の内なる霊である」（『人生の道』より）

この内なる霊とは、本物の自分と考えれば分かりやすい。〝内〟というのは「外」に対する「内」ではなく、「虚」に対する「実」、「仮」に対する「真」といった意味である。

トルストイはこうも言っている。

「吾人は肉体によって生くるにあらず、霊によって生くるのである。もしも吾人がこの事実を知って、自己の生命を肉体でなく霊に託するならば、吾人は鎖に縛られても、鉄の扉の中にいましめられても、なおかつ厳として自由である」（『人生の道』）

分かりやすく言えばこういうことであろう。我々人間の悲しみとか怒りという感情は、自分自身を形あるものと考え、何かに縛られていると考えてしまう妄想や誤った概念から発生するものである。

だからこの妄想や誤った概念を断ち切り、本当の自分というものを「金剛不壊」すなわち永遠に変わることのない「霊的な実体」と悟ることができれば、我々はあらゆる悲しみや怒りから解放され、自田な心を得ることができるのである。

つまり「本当の自分」というものが、何ものにも縛られない自由自在な存在であることを理解すれば、もはや何も恐れるものはないということだ。

あなたは自分自身を縛っていないか？

このトルストイの思想を、**谷口雅春**氏が次のように解説している。

「よく人は、見えるから存在すると云ふ、しかし、肉眼にせよ、霊眼にせよ、見えると云ふことは何等存在すると云ふ証拠《しょうこ》にはならないのであります。トルストイも云ってゐるやうに見えないものだけが本当の存在であります。此の谷口自身にしましても、此の肉體は眼に見えて如何にも一見確乎《かくこ》とした存在であるかのやうに見える。しかしこの肉體は決して確乎不壊の存在ではないのでありまして、何人も此の肉體の生活は終らねばならない、言い換えると結局肉體は死滅して了はねばならないのであります。（中略）本当に明るい生活と云ふものは、『本當の自分』と云ふものが無形のものであると云ふことを悟ったときに初めて到達し得るのであります。

自分と云ふものを形のあるものだと考へてゐますと、形のあるものは縛られる、縛られると思ふから苦しい、逃げ出したいと思ふ、逃げ出そうと思ふから却って縛ってゐる束縛が眼について苦しくなる、かうして自分自身を形のあるものだと思ってゐる限り吾々は苦しいのであります」

すなわち、我々人間は自分自身を自らの手で縛っているのである。見えざる真理から見れば我々を縛るものなどはこの世に何一つない。

たとえ現在不遇な状況にあり、がんじがらめに縛られていると感じる人でも、縛っているのは外力に見えても実は案外本人の心なのである。本当の自分というものが形のない〝金剛不壊〟な存在であることを知れば、人間はどんな束縛をも打破しうる本当の自由を得られるのである。

アディントンがこんなことを言っている。

「私達は内に宿る神の霊と一体であり、その神の霊は、すべての事をなしうるのであると知った」

アディントンと同じくニューソートの一人である**エメット・フォックス**も、

「科学的祈りは、早いか遅いかいずれにせよ、祈る人自身または祈ってあげる相手の

誰でもを、この地上のあらゆる困難から救いだすことを得させるに違いない。〝科学的祈り〟こそ調和と幸福への扉を開く〝黄金の鍵〟である」と言っている。

これらはいずれも信仰心の言葉である。しかし前にも述べたように「至誠天に通じる」ものでで、たとえ信仰心が不足であっても宗教の真理を理解し、人間は何ものにも縛られない存在であることを知れば、どんな難関も突破することができ、願いは必ず叶うのである。繰り返すが、あなたを縛るものは何もないのである。

●常に心に理想の姿を掲げよ

「潜在意識」が現在のあなたをつくっている

キリスト教のニューソートの一人である**クインビー博士**がこんなことを言っている。

「人は表現された信念である」

あなたが現在ある状態、たとえば貧乏であるとか、金持ちになっているとか、あるいは社会的な地位や健康状態といったものは、すべてあなたが過去に潜在意識の中で思い続けて来たことが、現実となって現れたものである。過去、あなたが無意識のうちに続けて来た想念が、今日のあなたをつくりだした、とクインビー博士は言っているのである。

つまり、今日あなたが置かれている境遇は、これまであなた自身が意識的にせよ、無意識にせよ、思い続けてきた過去の潜在意識の総決算だということになる。

シャカもこう言っている。

「あなたはあなたが常に想っている人になる」

これまでにも何度か述べて来たことだが、「俺は貧乏だ」と心の中で、あるいは口に出して思っている人間は結局いつまでも貧乏である。逆に「俺はいつか金持ちになってやるんだ」と思い続けてきた人は、金持ちになる可能性が高い。

潜在意識の中に深く刻み込まれたそれらの想念が、宇宙の心に反応し、思っていた通りの人生が実現されてしまうのである。トラインの言葉にも「心が一切である。心で思うところのものにあなたはなるのである」というのがある。

これを改めるには二つの方法しかない。一つは「悪い想念をどんどん破棄するこ

と」だ。

「俺はどうせダメなんだ」というマイナス思考をまず取り除かなくてはならない。

そして二つ目の方法として、良い想念、すなわち自分が望む方向への想念を増やすことである。良い想念を増やし、宇宙の心に働きかけ、さらに無限の力を持つ実相に接続していく。

こうすることで、すぐにとはいかなくとも、あなたの運勢を徐々に良い方向へ持っていくことができるはずである。

「心の法則」に従えば必ず奇蹟は起こる

だが、この二つの方法は言葉にすると簡単だが実はなかなか難しい。これらの原理を納得するのは、そう簡単なことではないからだ。

しかし、潜在能力も実相もある意味で極めて科学的な根拠に基づいている原理である。科学的なものの見方で、これらの原理を理解しようとすれば、たとえ信仰心のない人でも分かりやすいかもしれない。

潜在意識の科学とは、常に心に描く想念が宇宙の心に反応して現実のものとなる法

則を意味する。

そして、定められた法則を持つものを、科学と呼ぶわけである。

実相とは仏教から来た言葉だが、「ブッディズム」という本を書いたハンフレーズはこんなことを言っている。

「仏教は哲学であり、科学である」

仏教そのものの思想が科学的な論理体系を持つ以上、その中枢部分を占める実相もまた科学的論理によって構成されていることは、想像にかたくない。

潜在意識も実相も、科学的な論理に基づいた原理であることを理解していただきたいのである。

ちなみに、上から命令するだけのキリスト教も、こうした科学的な論理を重視しようとした歴史を持っている。**ニューソートの思想的原流となったのはエマソンである。**彼の影響のもとにその名も「クリスチャン・サイエンス」という教派がつくられた。すでに百年以上も前のことだが、この教派を拠点に、単に上から命じるだけのキリスト教ではなく、科学的な説明のできるキリスト教にしようというニューソートが出てきたのである。

ニューソートの一人、アディントンの言葉からも、その思想的な違いが分かると思う。彼はこう述べている。

「記憶せよ、奇跡というものは、心の法則の実現としての事件であって、法則が無視された法外の出来事ではないのである。もしあなたが信じて法則に従って実践するならば、あなたは必ず奇跡を得る――否、奇跡とあなたにには見える事が実現するのである」

悪い想念を排除する法

悪い想念を減らし、良い想念を増やすには、潜在意識や実相というものが科学的な論理を持っており、それらの意味を知ることがその早道であることを述べてきた。この方法をもっと具体的に、かつ実践的にするにはどうすればいいのだろうか。

まず重要なことは、「暗いこと」を一切考えない習慣を身につけることだ。「病気」に対する不安、「無能」であることへの劣等感などなど、つとめて考えないように努力しなくてはいけない。「病気は治る」「病気にはならない」「自分はできるのだ」と常に念じることだ。

とはいっても人間は、どうしてもマイナス要因、不安な要因を考えてしまうものである。病気の人間に、病気のことは一切考えるなと言っても、そう簡単にできるものではない。少しずつやるしかない。一歩一歩階段を踏みしめるように、徐々にそうした心境に近づいていけばいいのである。

それでもくじけそうになった時は、次のトラインの言葉を心に描くことだ。

「私たち自身の想念及び想像力が、人間内部の無限の可能性を阻むところの唯一の限定である」

「俺は無能なんだ」といったマイナス思考の潜在意識が、我々自身の無限の可能性を阻んでいるという意味である。**トライン**はまた、こうも言っている。

「何人の事業の成功も、肉体の健康も、人間自身の自信力の高さを超えることはできない」

どんな目標であっても、自分にやる気がなければ実現は不可能である。〝やる気〟というのは、実現させて見せるという自信があってはじめて有効になってくる。単に信念を持ち、想念を保持するといっても、真に心の底で必ず実現させて見せるという自信がなければ必ずうまくいくとはかぎらない。

未来をどう描くかで人生は決まる

このように話をすすめていくと、人間の人生というものは、その人が自己をどのように描くかによって決まってしまうと言えないだろうか。

つまり、今後あなたが自分の人生を現在のままの低い状態で良しとするか、あるいは自身を現在よりもさらに高い位置に描くかによって、あなたの今後の人生は変わっていくのである。自分の未来像を描くのは、他でもないあなた自身なのだ。

中には、平凡な人生で一生を過ごしたいと願う人もいるだろう。あるいは大事業家になって成功したいと思う人もいる。社会に大きな貢献を残したいと考える人も存在するはずだ。ただ自分がどんな一生を過ごすことになるのかは、あなたの心構えひとつで大きく変わるということだ。

もちろん、願いは一つとは限らない場合が多い。二つでも三つでもいいのである。たとえば私は現在、科学評論家をはじめ様々な〝顔〟を持っている。政治評論家であり、歴史学者、宗教家、人生論著作家そして平和運動家でもある。これら一つひとつにおいて、私は何かしらのテーマを持ち、目標を描いて毎日想念を続けているのである。

各個人がどんな願望や目標を持っても、それはその人の自由ではあるが、私自身はできれば社会に何らかの形で貢献しうることを目標にして欲しいと考えている。また、そういう目標を持つほうが、宇宙の心に強く反応して成功率も高い。

宇宙の心はすべての人につながっており、多くの人々に役立つことを想念すれば、それだけ数多くの援助や反応が来るのである。また宇宙の心から強い反応が来ることによって、自分も満足できて生きがいが持てる。多くの人々に貢献できる喜びを知りながら、生きることができるのである。

さらにできれば日本だけではなく、世界全体の人々に貢献できる仕事を目指して欲しいと思う。

今、世界で最も恵まれている日本人にだけつくすというのは、世界的な見地から見た場合、あまり意味がない。日本人は世界の富の略奪者と言われるほどの栄華を誇る国家である。世界には、まだ我々には想像もつかないような苦しい生活を余儀なくされている人々が無数にいる。彼らに何らかの形で貢献できるように想念し、努力することも重要なのである。

自分の人生は、自分自身が潜在意識で描くシナリオによって展開する。問題は、そのシナリオの中味である。

●あなたには無限の可能性が秘められている！

身分不相応な目標にも果敢に挑戦せよ

「神のプラン（思考）は、君の最高の夢よりなお素晴らしい」
マーフィーの言葉である。

人間の理性というものは、限られたことしか考えることができない有限性を持っている。ところが全知全能の神は、その存在を全面的に信用し、すべてを託す人間に対しては、もっと素晴らしいプランを描いて実現させてくれる。もちろん本人がそれなりの努力をしていることも重要ではあるが、神は人間が想像するよりもっと大きなことを実現させてくれるのである。

なぜならば、あなたの内部には「仏性」が存在し、実相と結びつくことができるからだ。実相、あるいはキリスト教でいうところの神の力は凄まじいパワーを持っている。それは大宇宙創造の大生命力であると考えてもいい。この強大なパワーの小型版が、我々一人ひとりの中に内在しているのである。だから、**人間には想像以上の素晴らしいことができるのだ。**

私自身の例を紹介しよう。

私は、前述のように以前は物理学を専攻していたが、その後歴史学へ方向転換した。歴史学といっても範囲が広いが、現在は世界史と日本史の両方に取り組んでいる。

どの世界でもそうだが、自分の専門以外のことを行おうとしても、はじめのうちはなかなかうまくいかないものである。物理学者であった私が、はじめて世界史の本を出版しようとした時もそうだった。

当時、私は今まで提出されていない新しい世界史像について、ぜひ書きたいと思っていた。それを実現するために、私は企画を持って出版社をたびたび訪れた。数多くの中小出版社を回ったものの、そのことごとくで「物理学者が世界史の本を書いても売れない」という理由などで断られた。

ところが、ある日思いがけない形で私の願いがかなった。企画を持ち込んでいなかった講談社から、世界史の本の執筆依頼があったのである。ついに私の努力と信念が通じたのである。

私の企画は『新しい世界史の見方』という書名で、講談社現代新書の一冊として出版された。この本は、その分野では注目されるものとなり、売れゆきのほうも好調であった。

このようにして、世界史の本の出版は、当初の私の夢よりはるかに素晴らしい形で実現したのである。

つまり、**人生の目標というものはたとえ身分不相応に見えても、突破する意欲があれば勇敢に挑戦するべきである。実力が十分でなくとも、自分が強く念願し凄いファイトでぶつかっていくなら、たとえ法律であろうと、常識であろうとくつがえされるのである。**

何事かを成し遂げようと執念を燃やす人間には、すべてのものが屈するのである。たとえ鬼であろうと退散するのだ。

たとえば私の身近なところにも、こんな例がある。東海大学の創設者である松前重義氏は、戦中・戦後を通じて苦労を重ねた人である。

戦争中は戦争反対を唱え東条内閣にたてついたため、二等兵となって南方戦線に送り込まれている。終戦後はまた、以前大政翼賛会に関係があったことをとがめられ、教育活動に従事できなくなってしまう。だが、彼はこの不遇の時代にじっと耐えている。

一九五二年（昭和二十七年）、教育における社会活動禁令解除のとき、東海大学は学生数わずか五百人、昼でもドブネズミが顔を出して走り回るようなボロ校舎であったといわれる。

「東海大学はいまにつぶれる」と誰もが思ったそうだ。

そんな最悪の状況のなかで、松前氏は大学に帰って来た。戦後、新設大学が雨後の竹の子のように乱立された時期でもある。松前氏自身も、つぶれかけたボロ校舎と新設大学を見て焦りを覚えたに違いない。

しかし彼は、「何を言ってるんだ。今に日本一の私立大学に、そして世界的な大学にしてみせる」と叫んだのである（以上、一九八二年十一月の東海大学新聞より）。

そして三十年後、東海大学は規模としては日本で二番目の大学へと成長した。最高レベルの学者も続々と集まりつつある。

こうした例から得られる教訓は、たとえあなたがつぶされそうになった時でも、その試練に耐えてファイトを燃やし、大ボラを心強く叫べということだ。もっとはっきり言えば、「常に『空中の楼閣』を力強く描き、その実現を信じて絶えず努力せよ」となる。

「空中の楼閣」とは実現しそうもないという意味で、悪口に使われる言葉である。しかしどんな行動でも、どんな偉大なこともすべては〝空想〟から出発する。問題は空想を空想として終わらせてしまうか。あるいは実現にまで持っていくかなのだ。

空中の楼閣を心強く叫ぶことで、実現にまで持っていこうと自身を喚起させる――これが成功への秘訣なのである。

全世界、全人類のためになることを目指せ

もしあなたが歌手であれば、日本だけで有名な歌手を目指すのではなく、世界的に有名な歌手を目指すべきだ。現在の日本は国際社会において極めて重要な地位にある。その分、日本人には世界進出の大きなチャンスが与えられているのである。

もしあなたが、学者であれば、日本人のみの知る業績ではなく、世界中の人々の知

る業績を残すべく努力をすべきである。あなたが著述家であれば、日本国内だけで読まれる書物ではなく、世界中の人々の目に触れる本を目指すがよい。

もしあなたが、福祉事業に奉仕したいと望むのであれば、日本よりも世界中の貧しき人々のためにつくすべきである。後者にすべての力をそそぎ込めとは言わないが、せめて半分、いや十分の一でも構わない。

先にも述べたが、日本人が世界一恵まれた民族であることを知りながら、世界に目を向けないのは偽善と言われてもしかたないことである。たとえば、人間の生命を守りたいと思うのならば、医療設備の整った幸せな日本で医療の改善を叫ぶばかりでなく、薬も服も食もない発展途上の人々のために奉仕してあげるべきであろう。

ノーベル平和賞を受賞したシオドア・ルーズヴェルトはこんなことを言っている。

「たとえ失敗に阻まれようとも、大きなことを敢行する方が、大して楽しみもしなければ、大して苦しみもしない、哀れな精神どもと並ぶよりも、はるかによい。なぜなら彼らは勝利も敗北も知らない灰色のたそがれの中に暮らしているからである」

たとえ身分不相応な目標であっても、あるいは大き過ぎる目標であっても構わない。

ただ、どうせ実現を願うのであれば、いまあなたがいる世界よりももっと大きな、あるいは視野の広い世界を念ずるべきである。

いまあなたがいる世界は小さいと考えてもいい。もっともっと広大な世界があることを忘れてはいけない。

●人間はここまで強くなれる！

人生死ぬまで勝負はつかない！

一九八三年（昭和五十八年）に「東京裁判」というドキュメンタリー映画が上映された。

東京裁判というのは、第二次世界大戦の日本における戦争責任を追求した極東国際軍事裁判のことである。東条英機をはじめとして、二十八人の戦犯が約二年半に渡って、占領軍すなわちＧＨＱに裁かれた軍事裁判だ。世界的な軍拡競争時代の中で、戦後約四十年を経てこうした映画が上映されること自体、意義のあることではないだろうか。

映画上映の是非はともかく、私がこの映画を見て最も印象に残ったのは、二十八人のA級戦犯の中に「**重光葵**《まもる》」という人物がいたことであった。なぜならば、彼が一九五六年に鳩山内閣の外務大臣として、「日ソ平和条約」の調印にモスクワへ行ったことを覚えていたからである。

重光葵は、「満州事変以後の対中国・米・英・オランダ・北部仏印に対する戦争遂行および戦争法規違反」の訴因をもって東京裁判にかけられた人物だ。一九三二年の四月、上海総領事・駐中国公使の時に反日運動家のテロによって右脚を失っている。が、戦中も三代の内閣に渡って外相をつとめている。さらにミズーリ号での降伏調印式にも日本代表として参加した人物である。

その彼が、A級戦犯として東京裁判にかけられながらも、戦後またもや外相としてモスクワに行ったのである。片脚をなくしながらも、外相にまで登りつめたのも偉大だが、東京裁判という極めて劣悪な状況の中で生き残ったこと、そして本来なら政治生命も根底から消滅したはずの彼が、また外相として甦ったことはまさに奇跡と呼ぶにふさわしい事実だ。

ちなみに東京裁判では、二十八人のうち裁判中に死亡した者二名、特殊事情で免訴となった者が一名、そして禁固二十年が一名、禁固七年が一名。それ以外はすべて絞首刑かあるいは終身禁固であった。すなわち二十八名中、将来牢獄から出ることのできる可能性のあった人間は、たったの二人（免訴は発狂を理由に釈放されたもの）しかいなかったわけである。

重光葵はこの二人のうち一人、禁固七年という最も軽い刑であった。しかも彼は七年を待たず、五年たらずで自由の身となっている。一九五一年、重光六十四歳の時である。

そしてその五年後、外相としてソ連を訪れ、平和条約すなわち太平洋戦争最後の戦争終結を自らの手で行い、翌一九五六年にこの世を去っている。念願の使命をついに果たし、命尽きたという生涯であった。

まさに驚くべき生命力といえるだろう。人間の生命力の偉大さを、重光を通して私は垣間見たような気がしたのである。

このように人生というものは、最後に死ぬ時まで勝負はついていないのである。可

能性はいくらでもあるのだ。どんなに落ち込んでもあきらめるのは早すぎる。

絶対的権力にも屈しなかった男

もう一つ、人間の執念が呼んだ〝奇蹟〟を紹介しておこう。

やはり一九八三年の春に「小説・吉田学校」という映画が上映された。

戦後、激動する国際社会の中で日本をGHQの重圧から解放して独立国へもっていき、しかも、世界でも有数の大国に成長させる土台をつくり上げた男――すなわち**吉田茂元首相**をモデルとした映画である。

その映画の中に、こんなシーンが出てくる。吉田茂がはじめて首相に指名された時のことだ。当時日本はまだ、政治・経済などあらゆる面において、GHQが絶対的支配力を持っていた時代である。**そのGHQが、吉田茂首相の誕生に「待った」をかけた。「吉田は首相に適さない」という理由で、彼の首相実現を阻んだのである。**

当時の「自由党」（現在の自民党の前身）も協議会を開催して検討する。「GHQの指令だからやむをえない」ということで協議会は吉田に対する辞職を勧告した。**この時たった一人最も若く、また吉田の弟子であった田中角栄が「GHQの言いなりにな**

ることはない」と叫んだのが印象的であった。

相手が強過ぎる。ＧＨＱではどうしようもない——そんな雰囲気が当時の政界にはあったのである。だが、吉田はあきらめなかった。絶対的な力を持つ政治的圧力に負けることなく、自由党の勧告も拒否し、マッカーサーとの直談判に挑む。そしてついに、吉田がマッカーサーを説得し、首相の座を手に入れたのである。

吉田茂は、他にもよく見られる英雄と同じように頑固で欠点が多い人間である。彼の補佐役であった池田勇人元首相が、そのあまりの強引さに当惑するシーンが、映画でも何度か登場する。ワンマン宰相の名にふさわしい性格の持ち主であったわけだ。

だが、その強引さのおかげで彼は首相になれたのである。絶対的とも言える権力にさえも、吉田は負けなかったのだ。

そして吉田が首相にならなければ、今日の日本はなかったと言っても過言ではないだろう。ＧＨＱの再軍備要求に対して最後まで反対し、軍隊ではなく自衛隊という形で結局はＧＨＱが妥協し、日本を独立へと持っていったのである。

日本を占領していたＧＨＱは、終戦直後は戦争放棄をうたった平和憲法制定を指導したにもかかわらず、国際情勢の悪化にともなって数年もたたないうちに、再軍備を要求した。だが、吉田茂は首相として最後の最後までこの要求をけったのである。

結果はともあれ、吉田茂の例は絶対的と見える権力に対して屈することなく、また四面楚歌の状態に陥り孤立無援となっても、頑として自分の使命を果たそうとすれば道は開けるという典型である。

●新しい人生を自分で発見せよ

逆転のチャンスは必ず訪れる！

最後にもう一度、人生の可能性（と意義）を考えてみよう。

人生にはしばしば暗い出来事が続く時期がある。絶望感に打ちひしがれ、「もうダメだ」と思う時が何度かある。だが、そんな時でも、人生にはいくらでも大きな可能性が残されている。人間死ぬまで勝負はついていないのである。その事実を決して忘れてはならない。

今まで本書でも何度か述べてきたが、どんな状況であろうとも逆転のチャンスは残されているのだ。自分の不運を嘆き、失意の連続であったあなたも、本書によって、見えざる真理を分かっていただけたと思う。

今、自分は新しい真理を悟ったのだ。生きがいの意味を知ったのだ。これから自分の人生は変わるのだ。心を明るく、前向きに変えることで、自分の人生は変わるのだ。今日、それもたった今から変わるのだ、と思っていただきたい。

二年間、じっと耐えても一向に前途が開けない。そういうことも人生にはしばしばある。いや十年、二十年に渡って遠々と築き上げてきたものが、たちまち水泡に帰すかのように見える時だって人生にはあるのだ。

そんな時は、心の奥底で力強く叫ぶことだ。「それでも自分はきっとやってみせる」と。そうすれば必ずやいつかは、突然厚い壁が目前で破れ、崩れるのを目撃できるはずだ。

信念の強い人、あるいは強く熱望する人。そしてそれなりの努力をする人には、どんな奇跡でも起こり得るのである。

あらゆる分野に可能性が残されている

しかし、自己の栄誉のために、自己の利益のみのために頑張るのであれば、あなたの人生はそれほど大きな意味はないと私は思う。**個人のためだけではなく、公のために、不特定多数の人々のために生きる有意義な人生であるべきだ。**

そのためには今日の世界がどんな状態であるかを知らねばならない。今日の世界には、あなたのなすべきことはいくらでもあるのだ。

もちろんそれは単にボランティア活動のようなものとは限らない。学問、芸術などあらゆる分野において、君の才能、個性を生かせる仕事は無限にあるのだ。

たとえば私の例を紹介してみよう。

私は、前にも述べたが様々な〝顔〟を持っている。歴史学者というのも、その一つである。私は世界史と日本史両方に取り組んでいる。それが私の本業である。

日本人の歴史学者というのは、日本史、西洋史、東洋史、あるいはイスラム史といった具合に、ある特定の分野しか研究しようとしない。世界史全体を体系的に見ようとする学者がいない。

従って高校教科書などに記載されている世界史は、特定の地域史を集めて古い順に構成したに過ぎない。単なる知識の集約は、学問とは言えないのである。その意味で私は、今日の日本にはまだ世界史と呼ぶに値する本が出ていないと思っている。

そこで、私は全体の潮流を表わし、それに基づいた新しい歴史の時代区分を展開した世界史を発表し、注目されているのである。

一方、日本史においては、既成の史観・時代区分に基づいて研究している学者が非常に多い。だが、私自身は今日の史観や時代区分では、すでに日本史を語るには不十分だと考えている。そのため、新しい史観や時代区分によって構成された私の日本史も注目されつつある。

よく言われる経済学の不毛性——今日の経済学では、現代の経済情勢をすでにとらえられなくなっている——と同じように、世界史、日本史を問わず、従来の史観や歴史の時代区分では説明できなくなっているのが今日の歴史学なのである。

さらに私は人生論の著作家でもある。現在、人生論を書いた書物は巷にあふれている。中にはベストセラーになったものもある。だが、その数多くは「断じて行えば必ず成る」という種のもので、数%の人間にしか役立たない人生論であろう。なぜなら優れた、強靱な精神力を持った者のみが、読んで役に立つ人生論なのだ。そういう人生論には限界がある。

その点、私の人生論は万人に対して通用し、見えざる真理と厳しい現実の世界とをむすびつけた、特殊な人生論である。これまでの人生論とは異なったものであることが認められつつある。

私の仕事の特性(個性)については、まだまだあるが、右の三例を挙げれば、読者に次のことを語るのに十分であろう。

才能が開花した時世界は大きく変わる

私自身の例を見ても分かるように、現代の社会にはあらゆる分野において、あなたのすべきことがあまりに多く存在しているのである。今日の学問の、あらゆる分野において矛盾が内在しているし、また芸術においてもあなたの才能を投じるチャンスはいくらでもある。

たとえば文学においてもそれは言える。今日、日本の文学には人を感動させるような名作がほとんど誕生していない。日本という狭い視野の中に閉じ込もらず、世界的な視野に立ったもの、あるいは既成の価値観にはとらわれない、その作者独特の世界を描いた作品が非常に少ない。
もともと文学は、甘く恵まれた環境にいる人間にはいい作品が書けない世界だ。恵まれ過ぎた環境にいる日本人に、人を感動させる文学が書けなくなったのも無理はないのかもしれない。言い換えれば、文学の世界においても、新しいものが望まれているのである。

繰り返すが、あなたの進出できる分野はこの社会に無限にあるのである。多くの人は、自分の才能というものに気がついていない。だが誰にも特異な才能というものがある。

あなたが自分の眠れる能力を掘り出す時、あるいは埋もれた才能を開花させた時、あなたの人生は大きく変わるのである。そして、同時に世の中も大きく変えることができるはずだ。

私はすべての人々に仏性があるといった。仏性を持つということは、無限の能力を有する実相につながっているということを意味する。すなわち、すべての人が実相から無限の能力を引き出せるということである。
ところが、実相から無限の能力を引き出せた人、すなわち成功した人間というのは極めて少ない。実相から無限の能力を引き出し、次々と奇跡を起こし、大成功した人を我々は「奇跡の人」と呼ぶように、ごく限られた人間でしかない。

しかし、それはあなたにもできることなのだ。ただ、その事実を理解できる人は非常に数少ない。世の中の九十九パーセント以上の人は理解できずに、あるいはその事実を知らずに一生を終えてしまうのである。

あなたも奇跡を成し遂げることができるのである。そういう権利が、あなたにはあるのだ。

あなたはしばしば自分の不運を嘆く。だが、本書で見てきたように「多くの悪条件こそ、あなたを飛躍させる可能性を与えてくれる」のだ。

その〝見えざる真理〟を伝えるのが、本書の使命なのである。

「強く念じる人」が運命を操れる

著　者　　謝　世輝
発行者　　真船美保子
発行所　　KK ロングセラーズ
東京都新宿区高田馬場 2-1-2　〒 169-0075
電話（03）3204-5161（代）　振替 00120-7-145737
http://www.kklong.co.jp
印　刷　　（株）暁印刷　　製　本　（株）難波製本

落丁・乱丁はお取り替えいたします。
※定価と発行日はカバーに表示してあります。
ISBN978-4-8454-0983-9　C0230　Printed In Japan 2016